QUIROPRÁCTICA

Cuerpo y salud

onshoms

QUIROPRÁCTICA

*El método de salud natural
que cuida de tu sistema
nervioso y tu equilibrio corporal*

PAIDÓS

Barcelona
Buenos Aires
México

Cubierta de Julio Vivas

© 2006 de todas las ediciones en castellano
Ediciones Paidós Ibérica, S.A.,
Mariano Cubí, 92 – 08021 Barcelona
http://www.paidos.com

ISBN: 84-493-1837-8
Depósito legal: B. 14.464/2006

Impreso en Gràfiques 92, S.A.
Av. Can Sucarrats, 91 - 08191 Rubí (Barcelona)

Impreso en España – Printed in Spain

A mis pequeños grandes maestros,
mis hijos Berta y Andreu.

Así como las hojas de los árboles hablan del viento, el tiempo habla de vosotros.

Anónimo

B. J. Palmer (D. C.), impulsor de la quiropráctica

Sumario

Prólogo

En muchos países estamos asistiendo a una creciente aceptación, por parte de la población y entre las principales corrientes sobre el cuidado de la salud, de las «Medicinas complementarias y alternativas» (CAM). Las autoridades de todo el mundo, sin embargo, han colocado a la quiropráctica incluso por debajo de esta categoría CAM, cuando en realidad es la tercera profesión sanitaria en el mundo occidental, después de la alopatía y la odontología.[1] Por mi parte, opino que la quiropráctica no puede ser tratada como una medicina complementaria ni mucho menos alternativa porque, con una trayectoria de más de cien años de método científico y resultados clínicos, ha demostrado ser una profesión en sí misma desde que B. J. Palmer empezó a investigar la relación entre el sistema nervioso y la salud y fundara en 1905 la primera universidad quiropráctica en Iowa.

En Occidente vemos que estos sistemas de cuidado de la salud alternativos están realizando, junto con la quiropráctica, un enorme esfuerzo contra el uso desmesurado de medicamentos y la prescripción de recetas médicas. Asimismo, ofrecen opciones de tratamiento no invasivas y proporcionan al paciente una creciente apreciación de que la salud depende de uno mismo. Así, es fácil observar por qué la quiropráctica está presente ya de forma im-

1. Véase en el capítulo 14, «La quiropráctica en España y en el mundo», la cita inicial del doctor en quiropráctica Tobías Goncharoff.

portante en nuestra cultura y por qué su importancia va en aumento.[2]

Quiropráctica. El método de salud natural que cuida de tu sistema nervioso y tu equilibrio corporal ofrece una perspectiva muy bien documentada sobre esta disciplina. La autora, Elisabet Bonshoms, nos aporta el punto de vista del paciente de esta estimulante profesión que, aunque está muy desarrollada en el mundo oriental, se encuentra en una fase de desarrollo muy temprana en los países no anglosajones.

Como primer libro de divulgación de la quiropráctica escrito en lengua castellana por una paciente,[3] constituye una importante contribución a nuestra profesión por la creciente demanda de desarrollo y comprensión de la quiropráctica que existe en España y América Latina.

Este libro, además, contribuye de forma importante a lo que hay escrito sobre quiropráctica en otros idiomas porque ofrece una interesante combinación entre la medicina tradicional y la moderna. A través de él tenemos la oportunidad de aprender los valores tradicionales de la profesión quiropráctica, descritos por su promotor y fundador, B. J. Palmer, y vemos cómo esta profesión encaja con las materias de hoy en día en un entorno sanitario basado en la experimentación del cuidado de la salud. La autora ha conseguido situar la quiropráctica en un contexto histórico, práctico y filosófico.

Quiropráctica proporciona al lector una introducción a muchas pequeñas pero interesantes reflexiones filosóficas, como el vitalismo, el holismo, el naturismo, el conservacionismo terapéutico o el racionalismo crítico. Además, el lector tiene la oportunidad de aprender algunos de los principios básicos en cuanto a su salud en general: le enseña el camino para aprender que la curación viene desde dentro, a la vez que le permite comprender la importancia de que cada uno se responsabilice de su propia salud.

---

2. Cooper, R. A. y Stoflet, S. J., «Tends in the education and practice of alternative medicine», *Health Affairs*, nº 15, 1993, págs. 226-238.

3. Sólo existe un único libro (técnico) escrito en lengua castellana por el doctor en quiropráctica Antolín Silva Couto (1994) y un libro traducido al castellano por Frank Spencer.

Como doctora en quiropráctica, con más de trece años de experiencia, me enfrento diariamente a la realidad de personas desesperadas que buscan una alternativa al método alopático. Con lágrimas en los ojos, los pacientes me cuentan que están cansados de dar vueltas como zombies buscando una salida a la montaña de medicamentos sobre la que están instalados. Estas personas están motivadas y tienen la voluntad de hacer algo que cambie su vida.

Compruebo día a día en mi consulta que la educación sobre el cuidado de la salud es extremadamente importante para el progreso del paciente. Este libro de Elisabet Bonshoms es una excelente herramienta, y será una ventaja para mí poderlo entregar a mis pacientes, ya que considero que es fundamental que lo lean para aprender cómo hacerse cargo de su propia salud.

El conocimiento es poder. Y esto no puede ser más verdad en el campo del cuidado de la salud. Los pacientes bien informados, que aprenden acerca de su cuerpo y de cómo conservarlo en buen estado, adquieren más recursos para dirigir su vida. Este libro nos proporciona conocimiento y ayudará a muchas personas a poner de nuevo la salud en sus propias manos.

MICHELLE K. NIELSEN,
doctora en quiropráctica

Prólogo

Desde mi perspectiva de la sanación o curación del ser humano siempre sentí inquietud por la búsqueda de lo esencial en él, ya que de una forma consciente he creído siempre en la perfección y en la gran capacidad de nuestro Ser.

Soy hija y hermana de médicos, y yo misma soy diplomada en Enfermería, pero siempre me sentía frustrada ante cualquier diagnóstico, decepcionada por el nombre que se da a las enfermedades, por intuir en ello una falta de claridad. Conocemos y estudiamos muy bien los síntomas y enseguida les ponemos nombre, pero no nos detenemos a pensar: ¿por qué ha sucedido?, ¿cuál es la procedencia de la enfermedad?, ¿qué ha fallado en nuestro organismo y por qué? Todos estos interrogantes me condujeron a indagar, buscar y experimentar en mí misma lo que para mí tenía sentido. Llegar a encontrar las causas ha sido siempre el motor de ese algo que vocacionalmente llevo dentro.

Puedo decir que la quiropráctica representa una base fundamental de lo que para mí es la medicina: la ciencia, el conocimiento y la sabiduría de la curación, por tanto, la forma de aprender a mantener nuestro cuerpo y nuestro Ser en todas sus óptimas capacidades. Los mejores médicos somos nosotros mismos y la quiropráctica nos ayuda a conocer y desarrollar el médico que todos llevamos dentro.

Espero y deseo que los conocimientos que la autora desarrolla en este libro, de una forma tan clara, didáctica y experimentada, sirvan para ampliar y concienciarnos sobre nuestra propia capacidad y nuestras posibilidades.

CARMEN LORENZO,
diplomada en Enfermería y Reflexoterapia podal,
paciente de quiropráctica

Prólogo

La autora expone una nueva visión de la quiropráctica, una técnica utilizada desde tiempos muy antiguos con la finalidad de aliviar las dolencias humanas.

Su análisis es muy claro y conciso, y no se deja llevar por el sentimentalismo ni por la emoción de las personas entrevistadas que quisieran hacer creer que la quiropráctica es la única medicina. Al contrario, deja que cada persona exponga su verdad individual.

Al final la autora termina de una forma magistral con la conclusión de la medicina holística: la misma que indica que la medicina es única, «es la que cura», y todas las demás no son más que técnicas más o menos sofisticadas encaminadas al bienestar del ser humano.

A lo largo de la lectura se nota que la autora conoce perfectamente la quiropráctica y la describe de forma muy amena y accesible para todo tipo de público. Es el primer libro sobre este tema en el que el lector, cuando comienza a leer, no lo deja hasta haberlo terminado.

Los conceptos científicos expuestos son correctos. La quiropráctica es una técnica que está muy de moda, pero es muy ardua de explicar. Éste es el primer libro en español que consigue explicarla de forma novedosa.

JOSÉ CUEVA YÁÑEZ,
científico investigador de enfermedades autoinmunes
y degenerativas del sistema nervioso y osteópata

Nota de la autora

Quiropráctica. El método de salud natural que cuida de tu siste-
ma nervioso y tu equilibrio corporal es un libro de divulgación de la
ciencia, el arte y la filosofía de esta profesión que no tiene ninguna
pretensión de ser científico. Es un primer contacto con lo que puede
hacer el cuidado quiropráctico por la salud y el bienestar del hombre
en este principio de milenio. Es también una llamada para que las
personas asuman la responsabilidad de su vida, de su salud y de su
enfermedad, ya que somos creadores de nuestras circunstancias.

Está dirigido a los pacientes para que profundicen en el conocimiento de la quiropráctica, a todas las personas que todavía desco-
nocen esta profesión y también a todos los quiroprácticos para que
rescaten el origen espiritual de la quiropráctica, tal como lo legó al
mundo su fundador B. J. Palmer.

Me acerqué a la quiropráctica como paciente, por curiosidad,
sin saber qué era el cuidado quiropráctico ni lo que podía hacer
por mí. Después de ocho años de cuidados intensos, escribo este
libro desde el punto de vista del paciente, convencida de los beneficios de la quiropráctica y con el rigor y la distancia que aporta mi
profesión de periodista. A mi modesto entender, la quiropráctica
es, como sostiene su fundador, un revolucionario sistema de salud
natural que puede ahorrar mucho tiempo, dinero y sufrimiento a
un país.

Este libro no relata mi experiencia personal, pero está escrito
desde la experiencia. Nació de la pasión por esta disciplina del doc-

tor en quiropráctica[1] Tobías Goncharoff, quien impulsó este proyecto, de mi amor por escribir lo que para mí es verdad y puede servir a los demás, y de la voluntad de difundir la quiropráctica. Espero que se entienda que mi propósito es dar a conocer las enormes ventajas del cuidado quiropráctico en nuestra salud y calidad de vida, para que cada uno, como yo misma, pueda crecer con los aportes de otras ciencias, que nos ayudan a convertirnos en ese ser único y especial que somos y ofrecérselo al mundo.

Este libro puede ser leído como una sucesión de palabras estructuradas unas detrás de otras. Ahí encontraréis la ciencia. Pero puede ser leído también en sus espacios en blanco. Es ahí, en ese paraje de la conciencia, del arte y de la intuición donde encontraréis un reflejo de mi experiencia y de las personas que con sus investigaciones, opiniones y comentarios han hecho posible también este libro.

Palabra, experiencia y conciencia es lo que deseamos transmitir para animaros a vivir la quiropráctica por vuestra cuenta.

Agradezco a los doctores en quiropráctica, médicos y profesionales de la salud y de la conciencia su tiempo e información.

Quiero dar las gracias en primer lugar al doctor en quiropráctica Tobías Goncharoff por impulsar este libro, al doctor en quiropráctica Gary Carless y a la autora de los dibujos Sheila Hanchard, al doctor en medicina José Cueva por una de las revisiones finales, al doctor en quiropráctica Adrian Wenban y especialmente a la doctora en quiropráctica Michelle K. Nielsen Hanchard, que me animó con su apoyo y sus correcciones en la parte final del proyecto.

Quiero hacer un reconocimiento especial a la asociación de pacientes de quiropráctica «Asociación Pro Quiropráctica de España» (APQE) y a la asociación de doctores en quiropráctica «Asociación Española de Quiropráctica» (AEQ) por facilitarme informa-

---

1. En el libro utilizo los términos «doctor en quiropráctica y quiropráctico» como sinónimos. En Estados Unidos, donde nació esta disciplina, se concede el título de «Doctor en quiropráctica» después de seis a ocho años de estudios en universidades quiroprácticas. En España, si hubiera formación quiropráctica como en algunos países europeos, estos estudios equivaldrían a una licenciatura. El término «doctor» es una forma general de denominar a un profesional de la salud, como podría denominar «doctor» a un médico aunque no tenga el doctorado.

ción y ayuda, en particular a sus responsables de comunicación Daniela Bini y Susana Mozas, respectivamente, y en general por la labor que estas asociaciones realizan para la difusión de la quiropráctica en España.

Agradezco encarecidamente las opiniones y los consejos de los pacientes de quiropráctica y amigos Carmen Lorenzo y Francesc Sant, que se prestaron a leer el primer manuscrito, y la confianza de la editorial Paidós.

ELISABET BONSHOMS

Con-tacto quiropráctico

Con más de cien años de historia, la quiropráctica es una ciencia que cuida de nuestro sistema nervioso y que está dedicada a la detección y corrección de las subluxaciones en las vértebras con el propósito de eliminar las interferencias que se producen en el nervio espinal y que afectan a nuestra salud. Es un sistema natural, sin medicamentos, no invasivo, que despierta el poder innato del cuerpo para curarse a sí mismo. La especialidad de los quiroprácticos es liberar el nervio de las subluxaciones vertebrales, que se producen como consecuencia de las tensiones psíquicas y emocionales de nuestra actividad diaria o de los impactos físicos que recibimos del exterior, productos de un golpe, un accidente o una simple caída. Mediante sencillos, seguros y eficaces ajustes manuales en la columna, los profesionales de la quiropráctica liberan la subluxación de las vértebras facilitando, así, que fluya correctamente la información del cerebro a todos los órganos del cuerpo a través del sistema nervioso. De esta manera, el cuerpo recupera la capacidad natural de reacción ante las enfermedades, la necesidad de tomar medicamentos disminuye, nuestra calidad de vida mejora de forma sustancial y poco a poco se restablece la conexión con nuestro estado de salud.

Podríamos definir también a la quiropráctica como la ciencia del con-tacto, el arte de sentir, porque sentir es rescatar la pulsación de la vida. El tacto no es tan sólo uno de los cinco sentidos que aprendimos en la escuela, sino que «es» los sentidos en toda su amplitud. Un quiropráctico ajusta la columna del paciente con la mano, facilita la conexión con nuestro cuerpo, y a través de ese contacto terapéutico, tumbado el paciente en la camilla, en ese con-sentir del paciente y en ese com-partir, nace la con-ciencia, nuestra ciencia interior. Ahí despierta ese médico interno del que hablaba hace un siglo el fundador de la quiropráctica moderna B. J. Palmer, el hombre que hizo de la «magia» de la quiropráctica una profesión y una ciencia.

El con-tacto es el órgano de la fusión, la nota clave de la creación y también la de nuestra propia y cotidiana creación como seres humanos para rescatar nuestra salud y calidad de vida. Hace mucho tiempo ya, perdimos el sentir con la Tierra, el contacto con nuestro cuerpo, con nosotros mismos y, de ese modo, con el universo. Hemos aplanado nuestra conciencia. «Somos cabezas flotantes», dice el doctor en quiropráctica Tobías Goncharoff. Olvidamos que somos algo más que una cabeza para pensar, y no nos reconocemos.

En esa pérdida de identidad empieza la desarmonía, el ruido o la enfermedad. En un día realizamos 5.000 mutaciones cancerosas. ¡Lo raro es que no desarrollemos un cáncer! Sólo el poder del autorreconocimiento nos puede inmunizar.

La ciencia quiropráctica cuida de nuestro sistema nervioso, porque restablece de manera seria, eficaz y segura ese con-tacto con nuestro cuerpo eliminando el «ruido» mediante ajustes en la columna vertebral. «Ruido» que los quiroprácticos denominan subluxaciones vertebrales o interferencias nerviosas, ya que impiden que nuestro organismo funcione con su máximo potencial. Cuando no hay subluxación, las órdenes que van del cerebro a todos los órganos a través del sistema nervioso pasan con fluidez. Entonces, todo en nuestro organismo se conecta, se comunica y se reconoce, porque donde hay contacto no hay interferencia.

Los doctores en quiropráctica no son «arreglahuesos», no «manipulan» nuestra columna. La historia de la manipulación sobre la espina vertebral, que practicaron las grandes civilizaciones desde la prehistoria hasta nuestros días, termina con D. D. Palmer, padre de la quiropráctica y de B. J. Palmer, el día que realizó un ajuste específico y concreto, sabiendo perfectamente lo que buscaba. Ese día nació la quiropráctica y el término «manipular» fue sustituido por «ajustar».

Los quiroprácticos inciden en nuestro sistema nervioso porque liberan el nervio de la presión que ejerce sobre él una vértebra subluxada. Ellos son el medio para que fluya lo que el fundador de la quiropráctica llama la «Inteligencia Innata» o manifestación biológica de la Inteligencia universal que guía a todos los seres vivos. «Sólo lo que ha creado el cuerpo cura el cuerpo.» Si pasa libremente la información vital del cerebro a todos nuestros órganos, se puede alcanzar la armonía y quizás, algún día, finalmente la paz.

Cuando alguien acude a un quiropráctico no sabe exactamente a qué va debido a la desinformación que existe en nuestro país sobre lo que es verdaderamente la quiropráctica. Aunque una gran mayoría de pacientes acude por dolor de espalda, mareos o lesiones en las vértebras, no se debería buscar un médico en un quiropráctico. La quiropráctica no trata los síntomas; entiende al hombre como un ser holístico y global y busca sanar las causas de las enfermedades, y no curar los efectos. Y aunque es verdad que con el cuidado quiropráctico muchas sintomatologías desaparecen, no hay que acudir al quiropráctico buscando a alguien que nos cure el dolor de estómago o la escoliosis, sino a alguien que nos ayude a recuperar nuestro estado de salud por nosotros mismos. Como dice B. J. Palmer, «los quiroprácticos tratamos con la sutil sustancia del alma». Poco a poco, ajuste tras ajuste, con una espalda sana y un sistema nervioso fuerte, la quiropráctica ayuda a cambiar nuestros hábitos, nuestra manera de ver, de sentir, de pensar y de contemplar el mundo y, así, transforma nuestra salud y calidad de vida.

Hay mucha confusión en nuestro país sobre esta profesión debido a la ignorancia y al intrusismo profesional. Médicos y especialistas de todo el mundo reconocen que los quiroprácticos son los profesionales más capacitados para ajustar las subluxaciones de la columna vertebral con el objetivo de que la persona llegue a funcionar con su máximo potencial de salud. Ellos pasan muchas horas de práctica palpando la columna vertebral durante los seis años de estudios universitarios que dura la carrera quiropráctica y por ello advierten del riesgo para la salud que supone que haya personas que se autodenominen «quiroprácticos» por el simple hecho de haber realizado unos cuantos cursos de fin de semana. Aquí queremos dar las claves para poder reconocer a un verdadero profesional de este ámbito.

En este libro trataremos de aportar luz sobre la quiropráctica (para qué sirve, a quién va dirigida, cómo actúa, etc.) y responder a tantas otras preguntas que un neófito e incluso un paciente se hace día a día en la consulta.

Explicaremos cómo incide la quiropráctica en todo nuestro ser físico, mental, emocional y espiritual para contribuir a que seamos un poco más conscientes de lo que sucede en nuestro cuerpo, de las causas y de los procesos, y poder avanzar así cada día más en el reconocimiento hacia nosotros mismos.

Se trata, sobre todo, de hacernos más flexibles y adaptables a los cambios frente a las diversas situaciones de estrés que se producen en nuestra vida. La meta final de la quiropráctica es que, con un sistema nervioso sano, cualquier experiencia pueda transformarse en energía para curarse.

Las personas pueden sentir odio, resentimiento, agresividad, ira, frustración, desconfianza; pueden tener dolor de cabeza, ciática, lumbago, pensamientos negativos o una baja autoestima. Todas estas emociones, estados o sentimientos se resumen en uno: el temor. (Ésta es una opinión de la medicina bioenergética que no es propia de la quiropráctica ortodoxa.) Como ya hemos dicho, el quiropráctico no va a tratar ninguno de estos síntomas o enfermedades.

Sin embargo, quizás el temor disminuya mediante la corrección de la subluxación vertebral, lo único que diagnostica y trata un doctor en quiropráctica. Porque seguramente, cuando el paciente salga de la consulta, sentirá menos odio, resentimiento, agresividad, ira, frustración o desconfianza y tendrá más pensamientos positivos, una mayor autoestima y probablemente ya no tendrá dolor de cabeza, ni ciática, ni lumbago. De entrada, una espalda sin dolor cambia el ánimo, lo que nos «anima», el alma. Con el tiempo sentirá más amor por sí mismo, y está comprobado científicamente que el Amor es la energía sanadora más poderosa del universo.

Amor y temor son las dos únicas emociones que existen, donde se resumen todos los estados y de donde parten la salud o la enfermedad. Está demostrado que el 95 % de las enfermedades tienen un origen emocional. Quizás esta definición sobre la enfermedad y la salud pueda resultar muy simplista para las mentes científico-mecanicistas, pero la verdad de la vida está escrita con palabras sencillas. Sobre esta base he dado importancia en la obra a muchos aspectos que influyen en la salud y que no son específicamente quiroprácticos, como la alimentación, el pensamiento equilibrado, el cuidado de las emociones, de los sueños y del sentimiento, porque me he dado cuenta de que la quiropráctica cambia actitudes, modifica hábitos y contribuye al equilibrio del pensamiento y del sentimiento.

Este libro apunta la idea de que la medicina sólo es una, aunque se llame alopatía, quiropráctica, bioenergética u odontología, y es aquella que aporta a los hombres equilibrio, salud y bienestar físico, mental, emocional y espiritual. Podemos preguntarnos si todo esto es la quiropráctica y experimentar que sí, porque después de un ajuste ese equilibrio se traduce en orden y conexión con uno mismo y con la vida. Después de un ajuste viene una liberación; después de la liberación, la paz. Y con la paz, el amor, esa energía que da coherencia a nuestro universo.

«El arte de curar es rescatar la fisiología del amor», según el médico bioenergético Jorge Carvajal. El amor en quiropráctica es la Inteligencia Innata o «sutil sustancia del alma» de la que hablaba B. J. Palmer. ¿Vamos a hacer caso a la salud o a la enfermedad, al amor o al temor, a nuestro poder interno o al poder de una planta, de la miel o de un bisturí?

La grandeza está en poder elegir lo que más nos conviene en cada momento, según nuestras circunstancias. Este libro está escrito con ese propósito: el de dar a conocer la quiropráctica, para que esta información sirva, a los que lo deseen o lo necesiten, para poder tener la oportunidad y la libertad de escogerla como un sistema de salud.

Primera parte

LA QUIROPRÁCTICA, UNA FILOSOFÍA

Capítulo 1

Cien años de quiropráctica

En mi mano sostengo una rosa.
Es la flor más bella que existe.
En esta rosa la Inteligencia innata demuestra la
evolución, la vida, el amor, la lealtad.
Primero el brote, luego las hojas, luego el capullo,
luego la rosa, luego el perfume y la belleza.
Lo Innato materializa el crecimiento, es la esencia
de la vida y simboliza el amor y la lealtad en esta rosa
para ti.
Esta rosa que te doy es mi crecimiento, mi vida, mi
amor y lealtad hacia ti, hacia cada uno de vosotros.
Así como lo Innato me dio esta rosa, yo te la doy a
ti ofreciéndote a ti y a cada uno de vosotros mi amor
infinito, mi lealtad, mi vida y mi amistad.

B. J. PALMER

D. D. Palmer

EL PADRE DE LA QUIROPRÁCTICA

Harvey Lillard no podía escuchar el estrépito de un carro en la calle ni el tictac de un reloj. Averigüé la causa de su enfermedad y descubrí que cuando se esforzó al hacer un movimiento, sintió que algo ocurría en su espalda e inmediatamente se quedó sordo. Un examen demostró que había una vértebra desplazada de su posición normal. Pensé que si ponía la vértebra otra vez en su sitio, el hombre oiría otra vez. Con este objetivo, después de hablar con el señor Lillard una hora, lo persuadí para que me dejara hacerlo. La puse en su sitio usando el proceso espinoso (parte de la vértebra) como palanca y enseguida el hombre pudo oír como antes.

No hubo nada accidental en este hecho, ya que lo hice con un objetivo y se obtuvo el resultado esperado. No hubo nada «rudimentario» en este ajuste, fue específico. Tanto es así que ningún otro quiropráctico lo ha igualado.

D. D. PALMER

El conocimiento de la columna es un requisito para tratar muchas enfermedades.

HIPÓCRATES,
460-377 a.C.

El 18 de septiembre de 1895, el canadiense Daniel David Palmer (Ontario, 1845), doctor que curaba a través del magnetismo y seguidor del padre de la hipnosis en Iowa, descubrió «por azar» la relación entre el sistema nervioso y la columna vertebral. Harvey Lillard, su ayudante, era sordo desde hacía diecisiete años. D. D. Palmer decidió aplicar un ajuste específico ejerciendo presión sobre un bulto que Lillard tenía localizado en las cervicales y enseguida el hombre recuperó el oído. Con este ajuste empieza la historia de la quiropráctica. El segundo paciente que tuvo sufría una patología de corazón. Palmer encontró una vértebra desplazada y mediante un ajuste también el hombre sanó rápidamente. Estos dos casos sucedieron en pocos días como para dejarle claro que no eran fruto de la casualidad.

En los meses siguientes, otros pacientes fueron a verle con problemas diversos, como ciática, migrañas, dolores de cabeza, dolores de estómago, epilepsia y problemas cardíacos. D. D. Palmer vio que cada una de estas condiciones respondía bien a los ajustes, a los que él llamaba «tratamientos manuales».

Ya más adelante encontró el nombre «quiropráctica» bebiendo de las palabras griegas *chiro,* que significa «mano», y *practic,* que se refiere a una «práctica o procedimiento».

D. D. Palmer, mientras vivía en What Cheer (Iowa, 1885), había conocido las técnicas para curar con magnetismo[1] del doctor Caster, un médico que tenía cierto éxito en Ottumwa. «En esa época los médicos usaban las propiedades magnéticas naturales del

---

1. El magnetismo parte de la idea de que el hombre es un imán con un polo negativo o norte, que se corresponde con la parte frontal de la cabeza, un polo positivo o sur, correspondiente a la parte occipital, y un campo magnético con canales portadores de información. El método de sanación por magnetismo emplea el corazón, la mente y las manos, estas últimas como agentes vectoriales que introducen la energía sanadora en el cuerpo del paciente.

cuerpo para sanar», afirma el doctor en quiropráctica Terry A. Rondberg en su libro *Chiropractic First*.

D. D. Palmer pensaba que los medicamentos y las pociones eran tóxicos y creaban estrés en los pacientes enfermos. Para él era más importante encontrar la causa de la enfermedad y eliminarla con métodos naturales; deseaba saber por qué, de entre las personas que comen en una misma mesa y trabajan en una misma tienda, unas sufren y otras no. Continuamente se preguntaba qué diferencia hay entre dos personas para que una esté sana y la otra no. La respuesta la encontraría más tarde comprobando cómo sus ajustes corregían la subluxación vertebral o interferencia nerviosa, que era la causa de la mayoría de las disfunciones del cuerpo.

Aunque D. D. Palmer no fue la primera persona en la historia que colocó en su sitio una vértebra subluxada, sí fue el primero en desarrollar la filosofía y la ciencia de los ajustes quiroprácticos. Fue el descubridor de los ajustes específicos correctos y por ello se le conoce como el padre de la quiropráctica.

D. D. Palmer no recetaba medicamentos a ninguno de sus pacientes, tampoco los operaba y, sin embargo, bajo su cuidado la vista de las personas mejoraba, desaparecían el dolor y la fiebre, se cerraban las heridas y, por supuesto, se curaban.

D. D. Palmer sabía qué hacer por sus pacientes; lo que desconocía totalmente era por qué su tratamiento era tan efectivo.

Sorprendido por la eficacia de sus ajustes, D. D. Palmer volvió a sus estudios de anatomía y fisiología para aprender más acerca de la conexión vital entre la columna y la salud de una persona. Se dio cuenta de que los ajustes de la columna corregían las subluxaciones vertebrales (interferencias nerviosas), que eran la causa de las dolencias de sus pacientes. Combinando la capacidad de autocuración que tiene el cuerpo del paciente y la habilidad para corregir las interferencias nerviosas de un doctor en quiropráctica, se ponía fin, de un modo natural, a interminables sufrimientos y dolencias.

Fue su hijo, Barlett Joshua Palmer (1881), quien desarrollaría más adelante esta ciencia, arte y filosofía que conocemos hoy en día como la quiropráctica moderna y establecería científicamente la relación entre el sistema nervioso y la columna vertebral.

EL ÉXITO SORDO DE LA QUIROPRÁCTICA

Años después de que Harvey Lillard recuperase la audición, los medios de comunicación vilipendiaban todavía a D. D. Palmer. Decían que era un «charlatán» y un «chiflado del magnetismo». La comunidad médica, temerosa de su éxito y desalentada por sus propios fracasos para curar las enfermedades, criticaba abiertamente sus métodos acusándole de practicar la medicina sin licencia. Sin embargo, él decía que no ejercía la medicina, sino la quiropráctica. D. D. Palmer se defendía de los ataques presentando argumentos médicos en contra de la vacunación y de la cirugía y advertía a la gente sobre lo pernicioso que era tomar medicamentos, a menudo innecesarios. En 1905, los médicos lo acusaron de practicar la medicina sin licencia y fue sentenciado a ciento cinco días de prisión y 350 dólares de fianza. Estuvo veintitrés días en la cárcel, pagó finalmente la fianza y fue liberado. Empezaba ahí la lucha de la quiropráctica por hacerse un hueco en medio de lo establecido como científico por la medicina oficial.

Una lucha sorda que ha llegado hasta nuestros días con una historia repleta de quiroprácticos encarcelados, acusados de practicar la medicina sin licencia, y de consultas cerradas por orden judicial.

Entre 1906 y 1913 D. D. Palmer publicó dos libros: *The Science of Chiropractic* y *The Chiropractor's Adjuster*. Murió en Los Ángeles a la edad de 68 años tras sufrir una fiebre tifoidea. Su hijo, B. J. Palmer, que desarrollaría el arte, la ciencia y la filosofía de la quiropráctica moderna, dijo que su padre debía ser comparado con aquellos hombres que, como Thomas Edison, hicieron algo grande por la humanidad.

Lo cierto es que durante más de cien años, desde que se desarrolló en Estados Unidos como una profesión única e independiente para el cuidado de la salud, la quiropráctica ha sido incomprendida y despreciada. En parte, porque se vio como una amenaza para la supremacía de la profesión médica, y en parte, porque a principios del siglo XX la sociedad adoraba todo lo científico y tecnológico y la medicina alopática, con su química y sus instrumentos innovadores, gozaba por entonces de una tremenda popularidad. Por eso, cuando este «sanador» o «chamán» (hombre sabio, conocedor del ser interior) llamado D. D. Palmer empezó a obtener excelentes resultados con la única ayuda de sus manos y de la energía vital del paciente, no le aceptaron.

En principio, les pareció curioso que el paciente se curase tan sólo con un ajuste de su columna vertebral, aplicando fuerza de una forma específica, pero la comunidad médica no podía aceptar algo tan simple y natural, algo que la ciencia no podía cuantificar ni medir.

Para entonces, D. D. Palmer y B. J. Palmer estaban ya formando la primera generación de quiroprácticos en Estados Unidos, y para los doctores en medicina era inaceptable lo que ellos enseñaban en sus clases. A los estudiantes se les decía que los mejores médicos del universo eran los propios pacientes, que el cuerpo humano posee una Inteligencia Innata capaz de mantener a la persona en óptimo y constante estado de salud si está libre de interferencias y que el trabajo de un quiropráctico es liberar al cuerpo de esas interferencias en el sistema nervioso mediante ajustes en la columna vertebral para dejar que el poder del cuerpo sane al cuerpo.

Los médicos podían poner células debajo de un microscopio y estudiarlas, pero como no podían probar ni tan sólo «ver» la existencia de esa Inteligencia Innata, más parecida en sus mentes cerradas a casos de magia, curanderismo o a una vaga idea de Dios, simplemente la rechazaron. Y seguidamente la persiguieron.

Hoy en día la física cuántica ha propiciado un giro de 180 grados en el pensamiento científico al afirmar que nada en el universo es fruto de la casualidad, sino que se rige por leyes universales, entre las cuales figura la ley de causa y efecto. Todo es fruto de la causalidad, por lo que a una causa le sigue un efecto.

El médico bioenergético Jorge Carvajal afirma que «hoy en día los físicos comprenden más la sanación espiritual que un sacerdote», entendiendo por espiritual el conocimiento de uno mismo.

La física cuántica debe recurrir actualmente a la metafísica para poder dar explicación al origen del cosmos y del Ser. El mundo definitivamente es un producto de millones de años de evolución, pero nada sucedió por accidente.

Como tampoco el primer ajuste de D. D. Palmer surgió accidentalmente, aunque pueda parecer casual. «El caos aparente está regido por un orden universal y nada es fruto de la casualidad, sino de algo ordenado y predecible. Todo está en orden, aunque no lo parezca», afirma el conocido doctor en quiropráctica, biólogo, filósofo e investigador de la conciencia humana durante más de treinta años John F. Demartini. Fue en la esencia de la filosofía quiropráctica, la Inteligencia Innata, «esa Inteligencia y Orden que rige y cura el cuerpo», donde él halló ese Orden, después de una experiencia cercana a la muerte que le llevó a conocer, según sus palabras, la «magnificencia divina».

Cada organismo vivo, desde la más pequeña ameba hasta una galaxia, pasando por el ser humano, lleva innata la información necesaria para sobrevivir y evolucionar. La planta no sabe que tiene que crecer, pero pasa de ser una semilla a ser una flor de forma natural. Este proceso está regido por una Energía Universal que es la que permite que, cuando nos hacemos un corte en un dedo, nuestro cuerpo sepa cómo enviar glóbulos blancos extra a esa área para, automáticamente, frenar la infección. Nada de esto podríamos realizarlo de forma intelectual o razonada, pero nuestro cuerpo sí tiene la sabiduría para hacerlo. Desgraciadamente, esto no es mensurable por la ciencia, todavía. Aunque quizá se llegue, más pronto o más tarde, a poder cuantificar ese conocimiento, lo cierto es que la sabiduría del cuerpo está ya ahí, es innegable para todos. D. D. Palmer y B. J. Palmer lo afirmaron hace un siglo, los doctores en quiropráctica lo saben y los científicos más avanzados empiezan a contemplar esa posibilidad como una realidad mensurable.

El Conocimiento es conocer algo. La Sabiduría es saber qué hacer con ese algo.

B. J. PALMER

B. J. PALMER: LA REVOLUCIÓN DE LA SALUD

Nacido en What Cheer (Iowa) en 1881, Barlett Joshua Palmer, más conocido por B. J., fue quien desarrolló el arte, la ciencia y la filosofía de la quiropráctica a partir de la muerte de su padre en 1913. La quiropráctica sobrevivió gracias a sus esfuerzos y su implacable trabajo en unos años (1916) en que la medicina oficial en Estados Unidos había iniciado una campaña para consolidar la alopatía, ejercer el monopolio de la salud y acabar definitivamente con las otras medicinas mal denominadas, entonces como ahora, «alternativas».

B. J. Palmer solía decir que «la credibilidad se gana por las curas» y, pese a todas las dificultades de una época controvertida y difícil y del escaso desarrollo de esta ciencia, convirtió la quiropráctica en una profesión.

Empezó a investigar la relación entre el sistema nervioso y la salud y se ocupó de continuar la escuela de su padre, donde se graduó en 1902 y en la que fue profesor. B. J. combinaba la enseñanza de la quiropráctica con su consulta privada e investigaciones y en 1905 mudó la escuela y la clínica a una enorme casa victoriana en Davenport, Iowa, fundando lo que sería la primera universidad quiropráctica, el Colegio de Quiropráctica Palmer, que todavía hoy existe. Se habían creado ya más colegios por todo el mundo, pero ninguno tan grande como el Colegio Palmer.

En la década de 1920 se produjo un auténtico auge de la quiropráctica en Estados Unidos y se legalizó la profesión. Se logró que los graduados del Colegio Palmer fueran reconocidos como licenciados. En 1920, la escuela contaba ya con 2.000 estudiantes.

Sin embargo, la dura campaña iniciada en 1916 por parte de la medicina oficial siguió afectando a la profesión en mayor o menor medida. Primero tacharon despectivamente a los quiroprácticos de «chamanes», luego se les calificó de «alternativos» y hoy en día se les considera «complementarios» a la medicina tradicional.

«La alopatía trata ahora de asimilar a la quiropráctica como una especialidad de la medicina», afirma el doctor en quiropráctica Tobías Goncharoff. Pero la quiropráctica, fiel a la filosofía fundacional de B. J. Palmer, sigue, como entonces, por otros derroteros, puesto que no tiene nada que ver con la medicina, sino con el cuidado de la salud integral del ser humano.

Se dice que B. J. Palmer era controvertido, excéntrico, visionario, enérgico, resuelto y terco. También fue un afanado educador, viajero, escritor, pionero en el uso de la radio y televisión (WOC Radio y Televisión) para divulgar la quiropráctica y presidente del Colegio de Quiropráctica Palmer (1905-1961). «Todos estos adjetivos se convertían en cualidades en él. Nadie más viajó tanto difundiendo la quiropráctica por todo el país, nadie más que él lidió tantas batallas con la justicia ni introdujo tanta legislación para mejorar la profesión», asegura el presidente de la World Chiropractic Alliance (Alianza Quiropráctica Mundial), el quiropráctico Terry A. Rondberg, en el libro *Chiropractic First.*

Una de las armas más fuertes que utilizó para defender la quiropráctica fue la radio comercial. En 1922 compró una estación para radioaficionados de 250 vatios a la que llamó WOC (Las maravillas de la quiropráctica), que en 1927 pasó a ser el eslabón oeste de la entonces pequeñísima y nueva red NBC.

B. J. era un divulgador nato. Tanto es así que el libro que escribió sobre este tema, *Radio Salesmanship,* se convirtió enseguida en un texto esencial para cualquier comunicador. El periódico local *Daventport Times* diría a título póstumo que «B. J. sabía que los mejores anuncios son los que tienen la menor cantidad de palabras posibles para llegar a un punto, y los que tienen una actitud positiva».

En 1926 se convirtió en presidente de la Asociación Internacional de Quiroprácticos y estuvo en ese cargo hasta su muerte, en 1961. Durante esos años luchó para que los quiroprácticos obtuvieran su licencia diferenciada de la medicina oficial y mantuvo un pulso constante de disputa con Morris Fishbein, editor del *Journal American Medical Association.* Precisamente un estudio de esa asociación médica señala que las personas que están bajo cuidado quiropráctico son «coherentes con sus propios valores, creencias y orientaciones filosóficas sobre la vida y la salud». Y B. J. Palmer era así.

El mundo le abre camino al hombre que sabe adónde va.

B. J. PALMER

«Yo soy» B. J. Palmer

Aunque con una personalidad controvertida y algo excéntrica por lo que cuentan acerca de él, B. J. Palmer fue un hombre tenaz y de gran visión y sabiduría, según se desprende de sus textos sobre la quiropráctica y la salud. Por su coherencia interna, hacía lo que pensaba, decía y sentía a pesar de que sus acciones no fueran aprobadas primero por su familia y luego por la comunidad médica contemporánea.

Simplemente «era» su ser interno. «¡Piense!», «¡Hable!», «¡Actúe positivamente!», «¡Yo soy!», «¡Yo seré!», «¡Yo puedo!», «¡Yo debo!» eran algunas de sus frases.

Como muchos de los hombres extraordinarios de la historia, se recuerda a B. J. Palmer por sus anécdotas, a menudo embarazosas para su familia. Nos las recuerda el doctor en quiropráctica Terry A. Rondberg. Por ejemplo, era inexorable a la hora de irse a dormir temprano. A las 9 de la noche, aunque hubiese invitados en casa, se aflojaba la corbata, se sacaba los zapatos y se retiraba anunciando que la velada había terminado para él. Se acostaba pronto para poder levantarse a las 5 de la madrugada a escribir. Una de sus máximas era: «Acuéstate temprano, levántate temprano, trabaja mucho y hazte propaganda. Esto hace a un hombre saludable, rico y sabio». Otra de sus frases preferidas era: «El mundo le abre camino al hombre que sabe adónde va».

Para dormir, orientaba siempre su cabeza hacia el polo Norte y así sentir las corrientes de la Tierra fluir a través de él adecuadamente, ya que sabía que la orientación al norte, tal como explica la geobiológica moderna, es una condición básica para el descanso, el sueño reparador y la salud. Incluso cuando viajaba cambiaba de sitio los muebles de los hoteles para ajustarse a esa necesidad.

Además, se iba a la cama con un camisón mojado para que la evaporación del agua lo enfriara de una forma natural, pues sabía que el cuerpo se deshidrata durmiendo y que perdemos un litro de agua cada noche aproximadamente.

En la tercera planta de su casa él y su padre guardaban una colección de columnas vertebrales que fueron de vital importancia para los estudiantes del Colegio de Quiropráctica Palmer.

B. J. Palmer permitía a su hijo David divertirse con ellas y a menudo le pedía que nombrara los 206 huesos del cuerpo, porque creía que ese conocimiento era más importante que la música o la poesía. Además de su gran pasión por la quiropráctica, Palmer amaba las plantas y la vida en todas sus formas. Creía con profunda convicción que cada uno de nosotros lleva lo «innato» dentro y que esa inteligencia dirige todo lo que hacemos y nuestra salud. «Nada, ninguna sustancia, compuesto, prescripción, tratamiento de ningún tipo; ningún método aplicado externamente, administrado, injerido o inyectado, puede sustituir a este natural e interno principio de lo innato. [...] Este principio es una ley única y sencilla», escribió Palmer en el volumen XXXVII de la obra *The Glory of going on*.

Hugh Harrisson, editor del rotativo de Daventport *The Democrat and Leader*, lo comparó con el maestro Jesús en el prólogo de un libro escrito por Palmer y que Harrisson tituló «El hombre que construyó una escalera de mano para su cruz».

Un párrafo de ese texto, escrito en 1961, dice así: «La estrella de 1881 vio el nacimiento de un nuevo sanador para la humanidad, uno que curaba por la imposición de manos, que también trotó por una senda de piedras y acarreó una cruz, la cruz del fanatismo y el odio, durante largos años antes de que el mundo lo aceptara. El mundo ha aceptado ahora al más grande curador de enfermedades desde Jesucristo y se llama B. J. Palmer. El mundo aprendió de él a través de su palabra sobre el sufrimiento de la humanidad, un mensaje que millones de personas hoy en día deletrean con las letras de quiropráctica».

Capítulo 2

Una filosofía única

Dios respiró en los hombres la respiración de la vida
y dejó un guía interno en el cuerpo para regular sus funciones, incluso la reproducción de las células. Existe un
poder dentro de ti que tú reconoces en los demás como la
habilidad para moverse, ver, escuchar, hablar, respirar.
¿Cuál es ese poder?

Nosotros llamamos a ese poder «Inteligencia innata». Miras a tu alrededor y reconoces que hay un poder
que gobierna y controla el Universo y todo lo que hay
en él. Puedes llamarlo Naturaleza, o puedes decir que es
un acto de Dios. Pero cualquiera que sea el nombre que
tú elijas, tú reconoces una Fuerza. Dentro de ti hay un
«granito» de ese poder universal. Si no estuviera deja-
rías de moverte, de ver, de escuchar, de respirar [...], de
sentir que existe un Ser Humano Inteligente. En tanto
ese poder interno controla tu cuerpo, un estado de salud
existe. Si algo interfiere en ese control natural de tu poder interno y, por tanto, dejas de disfrutar de tu salud,
entonces llega a hacerse notable un estado de enfermedad. La Salud es el resultado de que la Inteligencia innata dirija al cien por cien el control de tu vida a través
de los nervios de tu cuerpo físico.

El ajuste quiropráctico es el método usado para liberar las interferencias del nervio y así permitir que el poder interno nos sane. El doctor quiropráctico hace todo
lo posible para ayudar a que fluya esa Inteligencia innata, pero ni él ni nadie puede sanar por ti. La sanación es
un proceso de acuerdo con tu propio Creador, que está
por encima y más allá del control del hombre.

B. J. PALMER

Lo innato es una porción individualizada de la Sabiduría conocida generalmente como Espíritu.

B. J. PALMER

LA INTELIGENCIA UNIVERSAL

«Al igual que su padre, B. J. Palmer creía con todo su corazón en la Inteligencia Innata. No se podía hablar con B. J. sin que nombrara la palabra "innato/a" al menos una docena de veces. Era parte de su enseñanza. Él creía que cada uno de nosotros tiene lo "innato" dentro que controla lo que hacemos y nuestra salud. Pero aun así, aunque de alguna manera todo proviene de nosotros mismos, cada uno es responsable de lo que hace.»

Así explicaba de forma sencilla la esencia de la filosofía de la quiropráctica Earl Ackerman, un buen amigo de los Palmer.

La filosofía quiropráctica parte de la premisa de que hay un orden inteligente en el universo. Nada sucede por azar o sin sentido en nuestro mundo, sino que existe una razón para todo, aunque no siempre podamos reconocerla de forma consciente. Ese orden inteligente o «Inteligencia Universal» penetra y guía toda la materia viviente. Sin ella las plantas no sabrían cómo crecer, los animales no sabrían cómo procrear sus especies y el hombre no sabría cómo mantenerse vivo y sano.

La quiropráctica reconoce, como base de toda su ciencia, la importancia de respetar la existencia de esa Inteligencia Universal, pero no como una fe ciega más parecida a una creencia religiosa que a un hecho científico, sino como una evidencia física comprobable en el mundo real.

Para algunos científicos ortodoxos, la idea de Inteligencia Universal no es científica. Después de todo, no se puede probar ni analizar en un laboratorio de investigación. No obstante, la física cuántica está expandiendo sus fronteras hacia la metafísica y ya algunos científicos están empezando a aceptar la presencia de la Inteligencia Universal como una verdad básica del universo.

B. J. Palmer publicaba en un artículo de marzo de 1960 que Fehr, el científico francés que realizó un estudio sobre los hábitos de trabajo de sus contemporáneos, decía que al 75 % de los científicos les habían llegado sus importantes descubrimientos en un momento en que no estaban investigando. El famoso físico alemán Von Helmholtz afirmaba que, después de estar investigando ampliamente un problema en todas las direcciones posibles, encontraba que «las más felices ideas vienen inesperadamente sin esfuerzo, como una inspiración. Pero nunca vienen a mí cuando mi mente está fatigada o cuando estoy en mi mesa de trabajo».

Como decía Palmer, «el Orden del Universo, la Inteligencia innata se revela como la mayor solución a nuestros problemas cuando nuestra mente consciente está relajada».

«Cada vez que estudiamos un fenómeno que parece caótico o no tiene un mecanismo que podamos entender, podemos llegar a comprenderlo si tenemos la habilidad para percibir los procesos sublimes y el gran Orden que hay detrás de la existencia», afirma el doctor en quiropráctica Tobías Goncharoff.

En quiropráctica es sumamente importante reconocer que todo está interconectado, que todo es interdependiente y que el universo es una vasta red de hilos comunicados entre sí, como las vértebras a los nervios, los nervios a los órganos o los órganos al cerebro.

«Creer que el universo está funcionando sin un plan inteligente es como creer que la gran esfinge egipcia fue el resultado de un deslizamiento accidental de la roca —anota el doctor en quiropráctica Terry A. Rondberg en su libro *Chiropractic First*—. ¡Mire a su alrededor! ¿Puede el universo ser el resultado de una selección al azar o de la suerte? ¿Por qué las alas de un pájaro están perfectamente diseñadas para volar, hasta en su pluma más pequeñita? ¿Ocurre por casualidad que las raíces de las plantas se metan hacia abajo y que las hojas crezcan hacia arriba? Si el Universo fuese casualidad, al menos algunas plantas enviarían sus raíces hacia arriba y enterrarían sus hojas en el suelo. El Sol sólo saldría al azar, cualquier día, y sería difícil estar seguros de que algo volvería a ocurrir otra vez.»

La casualidad no existe. Nada sucede accidentalmente, sino por ley universal de causa y efecto. A una acción le sigue una reacción. Una piedra lanzada en un lago propaga unas ondas cada vez mayores que se expanden hasta más allá de donde nuestros sentidos pueden llegar a percibirlas. Cualquier pensamiento o acción por parte de un individuo tendrá su repercusión en él mismo, en los demás y en el universo entero.

LA INTELIGENCIA INNATA

La Inteligencia Innata parte del cerebro
Gracias a Sheila Hanchard

Al nacer no poseemos el conocimiento racional de cómo respirar, pero respiramos. Tampoco sabemos cómo digerir el alimento, pero lo digerimos. Nuestro cuerpo sabe con qué rapidez debe latir nuestro corazón y con qué frecuencia deben respirar nuestros pulmones. Cuando nos hacemos una herida, nuestro cuerpo sabe que tiene que hinchar los tejidos para cortar el flujo de la sangre. También envía más glóbulos blancos a la zona afectada para prevenir la infección. ¿Nos acordaríamos nosotros de hacer todo eso de una forma intelectual? Lo más probable es que no. También nuestro organismo sabe cómo adaptarse cuando está expuesto a gérmenes y virus. Nuestro cuerpo sabe cómo hacer todas estas cosas que son parte de la vida sin que la mente intervenga para nada en estos procesos. Cada organismo vivo posee esa sabiduría propia que los quiroprácticos llaman «Inteligencia Innata», «un tipo de superinteligencia infinitamente lista que existe en cada uno de nosotros. Ella posee el *know how* (saber hacer) técnico mucho más allá de nuestro entendimiento», según el doctor Lewis Thomas.

«Lo que hizo el cuerpo cura el cuerpo. Hace 3.900 millones de años que existen células y desde entonces esa Inteligencia Innata es la que controla todas esas células. La biología está en un viaje sólo para descubrir esto», afirma el doctor en quiropráctica John F. Demartini, filósofo, biólogo e investigador de la conciencia humana durante más de treinta años, quien me contó su propia experiencia en una entrevista realizada en julio de 2001: «De joven tuve una enfermedad que me agarrotaba los músculos y los nervios, y la quiropráctica fue una bendición para mí. Tuve una experiencia cercana a la muerte que me despertó espiritualmente y decidí dedicar mi vida a estudiar las leyes universales, la mente, la conciencia humana y cualquier cosa relacionada con la sanación. En la filosofía de la quiropráctica vi esa Inteligencia que rige y cura el cuerpo, y vi ese Orden universal. Me trajo lágrimas de inspiración porque comprendí que la sanación está dentro y no fuera. La filosofía quiropráctica venera esa Inteligencia, honra a Dios en el cuerpo. Para mí fue un honor descubrir la espiritualidad que aporta la filosofía quiropráctica, porque está alineada con la comprensión de lo que ahora la ciencia descubre sobre el orden y las ciencias sutiles. Intenté escuchar cómo funcionaba esa Inteligencia para ayudar. Eso es lo que me inspiró a ser quiropráctico».

La Inteligencia Innata es la manifestación de la Inteligencia universal como componente biológico en los seres vivos. Igual que existe una Inteligencia Universal que guía el universo, también existe una Inteligencia Innata que guía nuestra fisiología y que hace que nuestro cuerpo funcione con su máxima capacidad.

Decía B. J. Palmer: «Existe una memoria superconsciente por encima, por debajo y al lado de la limitada y denominada "educada mente" consciente. Aquí, como un profundo e ilimitado mar, están escondidas incalculables joyas de sabiduría (todos los pensamientos, palabras, sonidos, miedos, esperanzas, pasiones), todas las experiencias de la vida en la vida, en los productos de la vida. Estas pequeñas cosas que reconocemos y recordamos son como una pequeña pizca de sal en la orilla del océano del universo que fluye de forma funcional dentro de nosotros. [...] Pero como nosotros todavía somos animales, nuestra mente permanece hambrienta en medio de la abundancia que nos rodea. Somos monos que todavía no hemos aprendido a pescar, hombres de las cavernas que aún no nos hemos descubierto a nosotros mismos; tan sólo somos mamíferos. Estamos estupefactos por los todavía por descubrir horizontes del universo, sin poder entender ni asimilar nuestros más íntimos deseos. Entre lo que pensamos que somos y nuestra alma, todavía por descubrir, hemos construido paredes impenetrables. Y así, el hombre sufre y muere en vano. Es como un mero insecto atrapado en un momento de la rueda del tiempo. Más allá de los dictados de sus pequeñas pasiones o anhelos existen leyes potentes que ordenan la vida del hombre».

Aunque todo ser vivo posea esa sabiduría interna o superconciencia inherente a su ser, nuestro cuerpo usa su propia Inteligencia Innata para funcionar tan correctamente como su estructura física se lo permita, según afirman los quiroprácticos. Si hay alguna interferencia nerviosa o subluxación que impida el correcto flujo de esa inteligencia interna, entonces sobreviene el malestar o la enfermedad.

Según explica el doctor Demartini, «el sistema nervioso y la mente son importantes organizadores de nuestro organismo. La Inteligencia Innata es la que lleva el orden a nuestro sistema nervioso y a nuestra mente si no encuentra subluxaciones o interferencias nerviosas en la columna vertebral. Veo el cuerpo como un violín que se tiene que afinar. Cuando está tenso o flojo tiene un desequilibrio que se llama subluxación. La quiropráctica corrige esa subluxación de la columna para permitir que fluya libremente la Inteligencia Innata y así orquesta una sinfonía de sanación».

El trabajo del profesional es asegurar que estamos expresando nuestra Inteligencia Innata al cien por cien, es decir, que no existe ninguna interferencia que pueda disminuir la manifestación de nuestro perfecto funcionamiento a través de esa inteligencia interna. Según Palmer: «La salud es el resultado de que la Inteligencia Innata dirija al cien por cien el control de tu vida a través de los nervios de tu cuerpo físico. La quiropráctica es un método usado para sacar la interferencia del nervio propiciando de esta manera que el poder interno pueda curarte».

EL IMPULSO MENTAL, UN CÓDIGO SECRETO

La idea de que la salud viene de dentro y no de fuera no es gratuita. Según B. J. Palmer, la Inteligencia Innata fluye de arriba hacia abajo y de dentro hacia afuera en todos los casos. De arriba hacia abajo es lo mismo que decir que parte de la Inteligencia Universal a la Inteligencia Innata. De dentro hacia afuera significa que la salud se transmite desde el interior hacia el cuerpo físico a través del sistema nervioso con un mensaje inteligente o expresión de la Inteligencia Innata que los quiroprácticos denominan «impulso mental».

La Inteligencia Innata envía instrucciones a cada órgano y célula de nuestro cuerpo a través del sistema nervioso alojado en las vértebras; estas instrucciones contienen un mensaje inteligente. El impulso mental es una fuerza dirigida inteligentemente, un mensaje con sentido; en cambio, para la medicina alopática el impulso mental simplemente no existe. Según la medicina ortodoxa, los nervios son sólo cables que transportan electricidad o impulsos nerviosos para que la célula responda según sea la función para la cual esté programada, pero esos impulsos nerviosos no contienen información cualitativa.

Son dos visiones, la médica y la quiropráctica, diferenciadas en cuanto al funcionamiento del sistema nervioso y la concepción filosófica de la salud del Ser en general.

La medicina ortodoxa se basa en un componente físico y comprobable (el impulso nervioso), y la quiropráctica se basa en un componente metafísico (el impulso mental) imposible de medir científicamente y sustentado en un orden universal inteligente que rige a los seres vivos.

«Por mi experiencia, creo que los complejos mecanismos fisiológicos que pasan cada medio segundo en nuestro organismo sólo pueden suceder si existe un impulso mental», afirma el doctor en quiropráctica Tobías Goncharoff.

La energía universal debería fluir a través de nuestro organismo sólo con mantener el sistema nervioso libre de interferencias. Sin embargo, aunque las vértebras estén perfectamente alineadas, muchas veces la información no circula correctamente y las instrucciones no pueden ser recibidas y decodificadas adecuadamente.

Por factores genéticos o medioambientales, el cuerpo no se encuentra siempre en perfectas condiciones.

La dieta, el estilo de vida, las actitudes emocionales y mentales tienen un tremendo efecto en nuestra condición física. Si el cuerpo está limitado por inherentes o adquiridas debilidades, la Inteligencia Innata por sí sola no será capaz de proporcionar una salud perfecta, pero lo hará si intentamos trabajar en esa dirección.

Más que la alimentación o el ejercicio, según la quiropráctica, el componente más importante para lograr una salud perfecta es trabajar con la interferencia nerviosa de la columna vertebral.

«Nuestros instrumentos nos dicen cuándo hay problemas en los nervios. El ajuste corrige el desplazamiento de la vértebra para quitar la presión sobre los nervios, que así pueden hacer su trabajo normalmente», explica B. J. Palmer.

Es evidente que para que la información sea correcta y llegue con claridad a su destino debe disponer de un sistema libre de interferencias o, lo que es lo mismo, de una columna o canal libre de subluxaciones vertebrales.

Sin embargo, la salud depende, a su vez, de la calidad de la información, es decir, del impulso mental o mensaje cualitativo que pasa a través de los conductos bioquímicos, bioeléctricos o nervios físicos. Si hacemos cosas en nuestra vida que no son la máxima expresión de la Inteligencia Innata, esa actitud o hábito provocará en nosotros una subluxación.

«Tan sólo por el hecho de que haya llegado el impulso nervioso a la célula no quiere decir que la intención de la Inteligencia Innata haya sido transmitida», afirma el doctor Tobías Goncharoff, que ilustra con un ejemplo cómo la calidad de la información o impulso mental es básica para la regeneración de nuestro organismo. «Así como el cuerpo entero y las neuronas se regeneran cada siete años —explica—, el aparato digestivo se regenera cada dos años. El sistema nervioso es el que controla dicha regeneración. Hay pacientes que dicen tener una úlcera en el intestino delgado (duodeno) desde hace dieciocho años. ¿Cómo puede ser, si ese sistema cambia cada dos años? La respuesta es que cada dos años se le va replicando la úlcera en una úlcera nueva porque había una subluxación o interferencia en el sistema nervioso y el mensaje o impulso mental no llegaba con claridad. Si no hay interferencia, el cuerpo se regenera con buena información y se regenerará sano porque "Salud" es el mensaje original que lleva nuestra Inteligencia innata.»

Cuando existe una subluxación, aunque el cuerpo se regenere y aporte una nueva información, el impulso mental o mensaje no llegará con claridad y la información se regenerará de forma defectuosa. Por otra parte, si no tenemos interferencia alguna, pero seguimos enviando mensajes de enfermedad usando lo que B. J. Palmer denominaba nuestra «Inteligencia educada» o racional, la Inteligencia Innata tampoco se podrá manifestar con toda su magnitud.

«Si un niño come una mayonesa con salmonela y vomita, ¿el vómito es bueno o es malo? ¿Le daremos un medicamento contra las náuseas? Obviamente, el vómito es bueno en ese caso; por lo tanto, debemos apartar nuestra "Inteligencia educada", que es la que nos lleva a suministrar el medicamento, y dejar que actúe primero esa "Inteligencia Innata", que sabe que el vómito va a favorecer al niño en un caso de intoxicación», ejemplifica el doctor en quiropráctica Tobías Goncharoff.

EL CICLO DEL IMPERDIBLE

El gráfico que se muestra a continuación lo han utilizado los doctores en quiropráctica desde principios del siglo XX e ilustra, de forma sencilla y muy práctica, el objetivo del cuidado quiropráctico. El mensaje o impulso mental parte del cerebro y va a todos los tejidos del cuerpo, luego vuelve en forma de respuesta del tejido al cerebro para reportarle la información.

Si durante ese recorrido el nivel motor o el sentido encuentra alguna subluxación, la Inteligencia Innata no podrá expresarse con todo su potencial.

Los doctores en quiropráctica son los únicos profesionales de la salud cuya especialidad es detectar y corregir las subluxaciones vertebrales para que se dé la plena comunicación entre el cerebro y todos los tejidos del cuerpo.

Esta especialización es lo que diferencia a la quiropráctica de otras disciplinas pretendidamente similares o de la medicina alopática. Aunque estos profesionales pudieran parecer neurólogos naturistas, ya que el objetivo principal de la quiropráctica es la integridad y el buen funcionamiento del sistema nervioso, si se profundiza en esta antigua/nueva filosofía, arte y ciencia del cuidado de la salud se descubre que es una profesión totalmente diferenciada del resto, con su propio fundamento, historia y propósito sobre la salud.

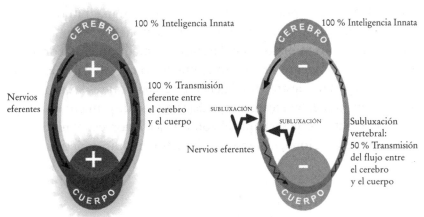

Dibujo esquemático de funcionamiento

Dibujo esquemático de una interferencia en la función

100 % Inteligencia Innata

100 % Inteligencia Innata

Nervios eferentes

100 % Transmisión eferente entre el cerebro y el cuerpo

SUBLUXACIÓN

SUBLUXACIÓN

Nervios eferentes

Subluxación vertebral: 50 % Transmisión del flujo entre el cerebro y el cuerpo

Estructura tisular de los órganos
100 % Recepción
100 % Acción
100 % Poder
100 % Función
100 % Cantidad de fuerza nerviosa

Estructura tisular de los órganos
50 % Recepción
50 % Acción
50 % Poder
50 % Función
50 % Cantidad de fuerza nerviosa

Resultado: Enfermedad

Ciclo del imperdible
Gracias al doctor Gary Carless

EL TRÍO DE LA VIDA

La Inteligencia Innata es la base para un funcionamiento correcto del organismo, pero se requieren otros dos elementos fundamentales para completar la salud: Energía y Materia. La Inteligencia Innata es experta en construir un cuerpo sano, como lo sería un buen carpintero que es capaz de diseñar un mueble, dibujar sus piezas, cortar la madera, ensamblar las partes y lustrar y encerar la pieza terminada. Pero si no se poseen las herramientas adecuadas (Materia) o la fuerza (Energía) para levantarlas, el carpintero no podría desarrollar su capacidad innata de trabajar la madera.

En quiropráctica, la fuerza es Energía y las partes del cuerpo o herramientas adecuadas para realizar cualquier trabajo se llaman Materia.

Inteligencia Innata, Materia y Energía se conocen como el trío de la vida.

«El propósito del cuidado de la salud debería ser permitirle a la sabiduría del cuerpo curar, sin interferir en el proceso —sostiene el quiropráctico Terry Rondberg—. Cuando usted al comienzo usa sustancias químicas o procedimientos quirúrgicos, está interfiriendo con la Inteligencia de su cuerpo y las funciones de curación antes de saber si la sabiduría de su cuerpo es adecuada para corregir el problema.

»La sabiduría enseña que uno debe empezar el proceso de curación con un cuidado conservador que no cause efectos secundarios.»

La recomendación del doctor Rondberg es: «La quiropráctica primero, los medicamentos en segundo lugar y la cirugía en el último lugar».

Para aceptar una nueva idea usted debe destruir la vieja. Dejemos las viejas opiniones para observar y concebir los pensamientos nuevos. Aprender no es otra cosa que cambiar sus opiniones.

B. J. PALMER

SALUD O ENFERMEDAD: EL PODER DE ELEGIR

«Enfermedad y salud son sólo el reflejo de nuestros hábitos y creencias. Una terapéutica, cualquiera que sea, no puede transformar el panorama global de la enfermedad. Sólo la adquisición paulatina de una conciencia responsable puede lograr cambios integrales que modifiquen de manera importante los hábitos de vida, el único camino para lograr la salud», afirma el médico bioenergético Jorge Carvajal.

Aunque no nos lo parezca somos responsables de nuestra salud. Nosotros tenemos el poder de elegir en cualquier momento presente el punto de vista de nuestra vida, cómo deseamos vivir una determinada enfermedad o situación y si deseamos vivir del lado de la salud o de la desarmonía.

Muchas veces nos dicen: «No hay que tener miedo». Eso es cierto, deberíamos apartar nuestros miedos porque son el principio de la desarmonía en el mundo, pero somos humanos y tenemos miedo. No obstante, si podemos decidir qué haremos con ese miedo, si lo vamos a afrontar o vamos a huir, podemos elegir cambiar.

La única realidad que tenemos es el presente, y ahí aparece un don, que es el poder de elección. Ante una circunstancia o una enfermedad sólo existen dos maneras de pasar por la experiencia: desde una postura de víctima o desde la perspectiva de aprender la lección.

La enfermedad sobreviene para avisarnos, como una luz piloto, de que algo debe ser cambiado en nuestra vida. Llegar a mudar un hábito negativo por otro positivo, como dejar de fumar o simplemente adquirir uno nuevo, es sumamente difícil, pero uno no llega a imaginar cuánto beneficia a nuestra salud y calidad de vida.

Cuando una persona tiene un cáncer lo importante es cómo va a vivir ese cáncer.

Según el doctor Martín Ochoa, psicólogo y astrólogo evolutivo experto en terapias de miedos, nueva educación y astrología espiritual, «el primer trabajo real por hacer para la curación es liberarse de los condicionamientos socioculturales y tomar la propia responsabilidad. La verdadera neurosis del siglo XX es que se ha apoderado de la sociedad un vacío existencial, una crisis de sentido.

Por ello es esencial cambiar la visión del mundo, de nosotros, de la enfermedad y de la salud, a partir de un cambio de actitudes, de hábitos, de estilos de vida ya caducos y de formas de pensar enquistadas. La responsabilidad es uno de los grandes cambios de paradigma y la primera condición que necesitamos asumir como humanidad en este nuevo milenio. Debemos llegar a sentir que somos cocreadores de nuestra vida, que creamos minuto a minuto nuestras experiencias y que lo que nos sucede lo elegimos nosotros para un cambio interno y personal.

»Estamos acostumbrados a culpar a otros de nuestros males y enfermedades y de todo lo que nos sucede, pero no asumimos que nosotros somos los únicos creadores responsables de nuestra vida. Responsables, pero no culpables. La responsabilidad no es una carga. Se define como la respuesta habilidosa a una necesidad. Cuando uno asume la responsabilidad, todo cambia».

El doctor en quiropráctica salvadoreño Juan G. Campos, primer doctor en quiropráctica de El Salvador, afirmaba, en una interesante conferencia que tuvo lugar en Barcelona en junio de 2001, que «necesitamos estrés, pero sólo el que podamos controlar. Hay que aprender a controlarlo. Los problemas no son la causa de la enfermedad, sino la forma en que nosotros reaccionamos al problema. Debemos cambiar la disciplina en la forma de pensar y ver las cosas. Hay que empezar a pensar de forma individual, y no como nos dicen».

El doctor Campos lleva treinta años ejerciendo, actualmente en Estados Unidos, y es el impulsor de un programa en El Salvador que desde 1988 atrae a quiroprácticos voluntarios de todo el mundo a ajustar a la gente en iglesias, pueblos o cárceles. Especialmente crítico con un sistema de salud que conoce bien como el norteamericano, resaltaba que «en Estados Unidos el sistema de salud se ha convertido en una "industria de la salud". La salud es algo más social que físico. La mitad del dinero que circula en Estados Unidos se invierte en salud y una séptima parte corresponde a la inversión farmacéutica. Por eso digo que hay que empezar a pensar de forma individual. Sabemos parte de la verdad en salud. En quiropráctica estamos hablando de no interferir con la función. No esperemos que nadie nos lave el coco, porque ustedes saben más de sí mismos que un médico. Lo que me atrajo a la quiropráctica y lo que me mantiene es ese principio quiropráctico de que la misma fuerza que cura el cuerpo es la que hizo el cuerpo».

El 95 % de las enfermedades, según aseguran diversos médicos de terapias mal llamadas alternativas, entre ellos Edward Bach, creador de la terapia floral, los médicos bioenergéticos y los propios quiroprácticos, tienen un origen emocional, son producidas por nuestro estilo de vida y por nuestras percepciones desequilibradas. Coinciden, aunque con diverso lenguaje, en que la primera causa de enfermedad es la barrera del separatismo, la ignorancia de quiénes somos realmente, el mito de «sólo un lado» o visión parcial de las personas y/o situaciones que apunta el doctor en quiropráctica John F. Demartini, y la incoherencia de nuestra forma de vida, que es lo contrario a la sabiduría interna.

El médico bioenergético Jorge Carvajal explica que «el cáncer es una enfermedad degenerativa, un desorden celular en el que las células no se reconocen, por eso el sistema inmunológico se cae. Esto es una representación de lo que sucede también con nuestro cuerpo emocional cuando no se reconoce. En cambio, una vida vivida sabiamente es una vida coherente. Cuando sentimos algo y no lo juzgamos, estamos siendo coherentes; cuando nuestros valores no entran en fricción con nosotros mismos, estamos siendo coherentes. La coherencia interna es hacer lo que sientes, dices y piensas».

Cuando estos tres aspectos están alineados, existe un estado de salud, como cuando en quiropráctica la alineación de las vértebras produce un estado de coherencia, de bienestar y de paz en todo el organismo.

Desgraciadamente, sucede a menudo en nuestra vida que somos médicos en casa, amantes en el trabajo y estamos trabajando mientras hacemos el amor.

La crisis o enfermedad sobreviene cuando no estamos plenamente donde tenemos que estar, en el tiempo presente, y cuando dejamos que ese médico interno que cada uno posee (del que hablaba B. J. Palmer, así como otros muchos sanadores de la humanidad desde que lo dijera por primera vez Hipócrates) sea guiado desde fuera.

Hemos creado un mito sobre la salud y tratamos por todos los medios de combatir la enfermedad como algo «malo» sin lograr integrarla para poder sanar realmente.

El doctor en quiropráctica John F. Demartini, creador de una metodología basada en la física cuántica para la eliminación del estrés (proceso de Colapso Cuántico), que ayuda en sus seminarios a percibir el equilibrio y sentido de nuestra vida en medio del caos aparente, afirma que «la enfermedad no es tan mala. Es la manera que tiene el cuerpo para despertarnos en el camino de Santiago de la vida. No hay que obviar ninguna parte, ni la luz ni la sombra, sino equilibrarlas. Lo importante es aceptar lo bueno y lo malo como partes necesarias para la armonía y la curación. Un mito muy común es el de sólo un lado. Es decir, esperar de la vida, de la gente o de nosotros mismos siempre algo positivo, sin nada negativo. Por ejemplo, apoyo sin reto, facilidad sin dificultad, cooperación sin competencia, salud sin enfermedad o paz sin guerra.

»Este mito nos lleva a la frustración porque queremos que el mundo solamente encaje en un solo lado. Este mito subyace a todos los demás mitos que existen. Si partimos un imán para intentar quedarnos con el lado positivo, acabamos con dos imanes con dos polos, positivo y negativo, cada uno de ellos. Siempre existe un equilibrio de polaridad. La Inteligencia crea siempre dos lados. Si las personas sólo quieren las caras de una moneda, sin cruces, nunca tendrán valor esas monedas. Hay que abarcarlo todo para poder crecer, tener autoestima o fuerza.

»Mucha gente vive en la ilusión de que les han traicionado, cuando en realidad lo que han hecho con ellos es darles la parte de la cruz en su vida. Se sienten destrozados porque sólo habían proyectado en ellos el mito del apoyo y la cooperación para ser felices.

»Mi trabajo se basa en ayudar a que la gente elimine este mito, se libere y se cure a través de la verdad. El proceso de Colapso Cuántico engloba todo esto en su síntesis. Nos ayuda a valorar y apreciar esas partes de nosotros mismos y de los demás que nos resulta difícil aceptar. El colapso no es idealista, honra la transformación y los dos lados. Es un proceso de síntesis de cargas opuestas (dolor-placer, tristeza-alegría, apoyo-reto, etc.). Hay veces en las que no nos gustamos y nos destruimos y otras en las que nos construimos. No importa, es parte de la evolución. Este proceso nos sirve para disolver las ideas obsesivas y los resentimientos que nos impiden amar e inspira una gran gratitud por nuestra vida. El hombre puede alterar su vida no sólo con la mente, sino también con sus percepciones y actitudes. Así se consigue transformar el veneno en orden».

Con demasiada frecuencia las personas responden a cualquier síntoma tragándose pastillas para aliviar el malestar. Si se resfrían toman pastillas, si engordan consumen pastillas para adelgazar, si se sienten cansados toman pastillas para dormir...

En una sociedad tan medicalizada, la responsabilidad sobre nuestra propia salud la hemos dejado en manos del médico o del medicamento, un agente externo que controla nuestro vehículo corporal. Pero la pregunta es: ¿quién conduce ese vehículo? ¿Quién mora dentro? Si el coche es la personalidad y el alma o nuestro potencial interno es el conductor, realmente es la personalidad la que está conduciendo nuestra existencia y no nuestra sabiduría interna. Nos podemos estrellar.

«El mensaje al consumidor es: si hay algo que va mal, simplemente tómese una pastilla y se sentirá mejor. Llamamos a esto "la filosofía médica de la enfermedad" —dice el doctor en quiropráctica Terry A. Rondberg—. Para los seguidores de esta filosofía, estas advertencias son tratados que intentan arreglar los síntomas, y no las causas. La gente cree que algo de fuera cambiará algo de dentro. Esto es peligroso para la salud de uno. Si se enciende la luz del aceite en su coche, ¿qué hará usted? —pregunta Rondberg—. ¿Irá a la gasolinera más próxima y pondrá aceite en el motor, o desconectará la luz para no verla? Si a usted le duele la cabeza, ¿buscará la causa y la corregirá o tomará un calmante y asumirá que el problema se ha terminado porque el síntoma se ha aliviado? La filosofía de la salud es, por otra parte, la creencia de que la salud viene de dentro. Es cuando reconocemos la necesidad de arreglar el mecanismo interno para que la máquina trabaje bien otra vez. El cuerpo sabe cuándo curar, cómo curar y cuándo parar de curar y volver al mantenimiento.»

El doctor Goncharoff explica que «las drogas o los antibióticos realizan el trabajo del cuerpo frente a la enfermedad, pero no le ayudan a recuperar su capacidad innata para hacer el trabajo por sí mismo en el futuro».

La quiropráctica —como muchas disciplinas holísticas de la salud que entienden mente, cuerpo y espíritu como algo inseparable en el proceso de curación— no trata los síntomas, sino que va a buscar las causas de la enfermedad. Por ello, aplica fielmente la definición que la OMS (Organización Mundial de la Salud) da de salud: «El estado óptimo a nivel físico, mental y socioeconómico, y no sólo la ausencia de enfermedad».

No obstante, los doctores en quiropráctica ven la salud como un proceso, y no como un estado que se consigue un día y ya está.

«La verdadera salud —asegura el doctor en quiropráctica Tobías Goncharoff— es mucho más que la ausencia de síntomas. La meta de los cuidados médicos, en general, es evitar el dolor, suprimir el síntoma. ¡Pero este enfoque no alcanza ni a manifestar el bienestar físico del que habla la OMS! La meta de la quiropráctica es medir y manifestar ese pleno estado físico, mental y socioeconómico y empezar a pensar en crear salud y calidad de vida en lugar de tratar enfermedades.»

B. J. Palmer sostenía incansablemente que «la salud es algo que creamos desde dentro», y no una cosa que nos llega del exterior, de la mano de un médico o de una medicina, ni tan siquiera de un quiropráctico.

Los doctores en quiropráctica no curan, tan sólo, y no es poco, sirven de mediadores para facilitar el proceso de curación, para que el poder del cuerpo sane el cuerpo. «Debemos estar seguros de que el cuerpo puede hacer todo aquello para lo que fue diseñado. Las interferencias no son un estado natural del organismo», aseguraba Palmer. No somos enfermos, sino salud.

Capítulo 3

El cuidado quiropráctico

Nosotros, los quiroprácticos, trabajamos con la sutil sustancia del alma. Liberamos los impulsos prisioneros, un pequeño riachuelo de fuerza que emana de la mente y fluye por los nervios hasta las células y las hace vivir. Tratamos con el poder mágico que transforma los alimentos en vida, pensamientos, amor; que viste a la tierra con belleza y da aroma a las flores con la gloria del aire.

En el oscuro y distante pasado, cuando el sol se inclinaba ante la estrella de la mañana, este poder habló, y hubo vida. Dio vida al limo del mar y al polvo de la tierra e hizo que las células se unieran en incontables formas de vida. A través de los eones del tiempo les puso aletas a los peces, alas a los pájaros y colmillos a las bestias. Trabajó sin parar, evolucionando sus formas hasta que produjo la mejor de ellas. Con incansable energía creó la vida de cada individuo y luego, silenciosamente, implacablemente disolvió la forma y absorbió el espíritu dentro de sí mismo, otra vez.

Y nos preguntamos aún: «¿Puede la quiropráctica curar la apendicitis o la gripe?». ¿Tiene más fe en un bisturí o en una cucharada de medicina que en el poder que anima al mundo vivo?

B. J. PALMER

Cada paciente lleva su propio médico dentro. Los pacientes vienen a vernos sin saber esa verdad. Estamos óptimamente cuando le damos una oportunidad de trabajar a ese médico interno.

ALBERT SCHWETZER

LA QUIROPRÁCTICA Y NUESTRO ESTILO DE VIDA

La quiropráctica es el campo del cuidado de la salud dedicado a la detección y corrección de las subluxaciones vertebrales para eliminar la interferencia del nervio espinal que puede afectar muy negativamente a nuestra salud.

En consecuencia, cuida del sistema nervioso para que nuestro organismo funcione con su máximo potencial. A diferencia de la medicina alopática, que ve la falta de salud como consecuencia de la enfermedad, la quiropráctica entiende que es la falta de salud la que provoca la enfermedad.

Por eso, más que una ciencia que se ocupa del buen funcionamiento del sistema nervioso o más que un arte de ajustar las vértebras con el propósito de eliminar interferencias en el nervio, es toda una filosofía de vida que procura de una manera seria, segura y eficaz el bienestar global y la calidad de vida del individuo, que se consiguen cuando la persona manifiesta en su vida todo su potencial humano.

La quiropráctica no trata síntomas ni enfermedades, sino que se ocupa de cuidar a las personas para que manifiesten su pleno potencial interno y, desde ahí, elijan los cambios necesarios en su vida para obtener la plena salud.

Un sistema nervioso sano y libre de interferencias o subluxaciones en la columna vertebral nos hace flexibles y adaptables a cualquier situación de estrés, como un junco, aparentemente frágil, pero que resiste el más fuerte vendaval. Lo rígido se rompe, lo flexible se adapta.

El doctor Arnauld Allard, especializado en la técnica sacro-occipital, comenta el caso de una niña inglesa de 6 años con parálisis cerebral y una disfunción al andar: «Se caía diez veces al día y vino a mi consulta porque tenía mucho desequilibrio en un lado. Durante dos meses la vi cada semana y al cabo de ese tiempo se recuperó. Tenía igualmente parálisis cerebral, pero podía andar y no se caía, lo que fue un gran alivio para ella, ya que consiguió una mejor calidad de vida. Eso es lo que intentamos hacer en la quiropráctica».

Cualquier situación en nuestra vida cotidiana, ya sea un sufrimiento físico o psíquico, un conflicto emocional o incluso una encrucijada de orden espiritual, nos somete a estrés y baja las defensas de nuestro organismo. Cuanto más fuerte se encuentre nuestro sistema nervioso, menos le afectarán los impactos que reciba del entorno o de las experiencias internas de cambio o crisis. Se trata de llegar a tener un sistema con una amplia banda de frecuencia flexible y adaptable a los cambios.

La meta final de la quiropráctica es que cualquier experiencia, por estresante que sea, se convierta en energía aprovechable para curarse.

La vida moderna está llena de «oportunidades» para poder subluxarnos con facilidad: estrés, contaminación ambiental y psíquica, tensión emocional, caídas, vida sedentaria, malas posturas, atascos de tráfico, tabaco, medicamentos, alcohol, dietas con excesos de proteínas y grasas, preocupaciones financieras, ansiedad por el trabajo...

Todos estos hábitos, que la sociedad y nosotros mismos hemos creado como fórmula normal de vida y de funcionamiento, afectan tremendamente al sistema nervioso y a nuestra salud. Estas interferencias pueden producir hiperactividad en el sistema nervioso simpático y consecuentemente problemas de toda índole en el sistema inmunológico, debido a la fuerte implicación que tiene el sistema simpático en la regulación del sistema inmunológico. «Nuestro sistema inmunológico o sistema de defensa del organismo está oprimido, ya que estamos limitando su fuerza a causa de nuestro estilo de vida.

»Al abusar tanto de los antibióticos hemos acelerado la evolución de las microbacterias millones de años. Tenemos megaciudades, superpoblación, más de cinco millones de vuelos internacionales al año tan sólo en Estados Unidos... Nuestro estilo de vida no es sostenible. Por otra parte, en los últimos cien años hemos doblado nuestra esperanza de vida, pero no nos damos cuenta de que sólo el 10 % de los problemas se han resuelto médicamente, mientras que el 90 % de las soluciones han llegado por factores relacionados con la calidad de vida, la nutrición, el comportamiento, el agua, por la mejora de las condiciones de vida y de bienestar. Lo que no tiene sentido es que en Estados Unidos, por ejemplo, se gaste el 97 % en medicinas y sólo el 3 % en promoción del bienestar.

»La mayoría de las enfermedades de inmunodeficiencia, como el sida o el cáncer, reflejan los problemas de la sociedad, de nuestros valores, de nuestra programación mental y de nuestro estilo de vida. El futuro de la quiropráctica no es prevenir ni comparar resultados con la medicina tradicional, sino la optimización de cada individuo y la educación en calidad de vida», asegura el doctor e investigador en quiropráctica Adrian Wenban, que ha realizado en Barcelona, junto con la doctora Michelle Nielsen, el primer estudio europeo (2001) con pacientes seropositivos para determinar si existen cambios en su calidad de vida con el cuidado quiropráctico. Sólo existe un estudio similar en Estados Unidos (1994), cuyo resultado fue que el sistema inmunológico de los pacientes sometidos a un cuidado quiropráctico de seis meses mejoró en un 48 %, mientras que en los que no lo recibieron (placebo) su sistema inmunológico bajó un 14 %.

El estudio de los doctores Wenban y Nielsen, en el que se medía la calidad de vida de 19 pacientes de una media de edad de 38 años con estatus seropositivo confirmado de entre tres y cinco años, revela que el cuidado quiropráctico regular (semanalmente) durante seis meses está asociado a una significativa mejora en la calidad de vida, mesurada según la versión española del cuestionario de calidad de vida MOS-HIV.

Los resultados muestran que, en los pacientes seropositivos que todavía no han recibido cuidados quiroprácticos, el índice de calidad de vida es de 65, mientras que en los que llevan tres meses de cuidados asciende a 71, y a 78 en los pacientes que llevan seis meses. En cambio, según el estudio, no se ven cambios significativos en ninguna medición sobre inmunología.

«Este estudio es una pequeña muestra que apoya las observaciones que se van generalizando de un modo creciente y que sugieren que la quiropráctica puede servir para un propósito social significativo, proporcionando a los pacientes infectados por el virus de inmunodeficiencia adquirida un medio adicional para aumentar su calidad de vida», afirman en su informe los doctores Wenban y Nielsen.

La comunidad científica sabe que el 70 % de las enfermedades son producidas por nuestro estilo de vida. Los tumores, tan extendidos hoy en día en la sociedad, pueden deberse a una intoxicación química o medicamentosa, a una emoción largamente reprimida o no expresada, a una imagen mental inadecuada, a una mala alimentación, a una vida sedentaria o a la combinación de uno o más de estos factores, entre algunas causas más. Son bloqueos energéticos que se instalan en las partes más débiles o talón de Aquiles de nuestro organismo.

Cuanto más activos y saludables seamos físicamente, cuanto más positivos sean nuestros pensamientos y cuanta más calidad tengamos en nuestros hábitos y relaciones personales, menos riesgo sufriremos de padecer tumores.

Según el médico bioenergético Jorge Carvajal, «la crisis personal y social que experimentamos este final de siglo es, en última instancia, una falta de visión, una crisis de sentido, un no ser quien somos ni estar donde estamos viviendo el momento presente. Estar genuinamente es Ser uno mismo, y ahí no existe la enfermedad. La crisis sobreviene porque renunciamos a otras partes de nuestro ser. La crisis, que etimológicamente significa "cambio", es exclusivismo, superespecialidad y renuncia al mundo interior. La neurosis del siglo XX es un vacío existencial».

El quiropráctico John F. Demartini opina que el mundo no está enfermo, sino aprendiendo, «ya que, cuanto más entendemos, más comprendemos y menos vemos el error. Entonces nos dirigimos más hacia la conciencia. Si vemos a los demás como enfermos e intentamos curarlos, cambiarlos o proyectamos nuestros valores en los suyos, más se resistirán. Es lo mismo que con nuestro cónyuge: si intentamos cambiarlo se va resistir, pero si lo vemos con ojos de amor en el corazón y nos sentimos agradecidos por su contribución en nuestra vida, y lo apreciamos tal como es, entonces, simplemente, amamos.

»Éste es un proceso de sanación, ya que transforma la ignorancia en sabiduría. La ignorancia desconoce la mitad de la vida, pero si vemos los dos lados, despertamos nuestro magnetismo y podemos atraer lo que amamos.

»Yo no veo enfermedad en el mundo, sino gente dormida ante la magnificencia y el equilibrio de la vida. Son personas selectivas, sólo se centran en un lado de la vida y, por lo tanto, están atrayendo a su existencia acontecimientos aparentemente negativos para que les ayuden a ver los dos lados. Esto es el Amor de Dios, para despertarnos a la Verdad».

Lo maravilloso es que bajo un contexto de crisis o de enfermedad cambiamos la visión del mundo. Cambiar la visión es simplemente mirar para otro lado y ver qué nos aporta de nuevo, es modificar actitudes y estilos de vida, es cambiar enfermedad por salud y recuperar nuestra integridad. El mundo cambia cuando cambiamos nosotros, cuando modificamos nuestra forma de pensar y nuestras elecciones.

Cada día tenemos una nueva opción. Si podemos tan siquiera imaginar que no somos enfermos, seremos salud. Salud entendida como un proceso dinámico, no como un estado, porque el equilibrio es como la muerte. Cuando nos negamos a crecer, funcionando como un encefalograma plano, estamos felices, pero estamos muertos, porque la vida es cambio, movimiento, crecimiento y evolución.

La interferencia o subluxación vertebral es lo único que diagnostican y tratan los quiroprácticos, aunque el efecto sanador va más allá de la mejoría física, comprobable ya desde la primera sesión, cuando uno deja de padecer aquel dolor de espalda o de cabeza que le hacía la vida imposible, en cuanto se corrige dicha interferencia. Poco a poco, de una manera natural y casi imperceptible al principio, el paciente sometido a cuidado quiropráctico va cambiando sus hábitos, modifica sus valores, adapta sus decisiones vitales o sus prioridades a una nueva forma de ver el mundo y su salud y adquiere una mayor conciencia de la propia capacidad innata para sanar. Con el sistema nervioso en un tono apropiado se percibe la vida de otra manera.

«El sistema nervioso es un regulador del cuerpo —explica el doctor Tobías Goncharoff—. Su trabajo es asimilar las experiencias que tenemos cada día y convertirlas en información para poder aprender; por eso, para asimilar esas experiencias se necesita un sistema nervioso muy plástico, que tenga una banda de frecuencia y de respuestas muy alta para poder adaptarnos en cualquier momento a cualquier circunstancia. Es como seleccionar la frecuencia adecuada en un dial de radio para que no emita ruido, sino buena música. El problema es que nuestro sistema nervioso no es tan plástico como debería ser, debido al ritmo de vida estresante que llevamos. Muchos han apagado la radio o funcionan con una frecuencia que no puede captar las ondas de la buena música. Las ondas sanadoras siempre emiten, pero hay que tener la radio encendida y sintonizar la frecuencia correcta para poder captarlas. De no ser así, el rango de respuesta es limitado, se distorsiona y emite ruido. El ruido en nuestro cuerpo es la enfermedad. El cuidado quiropráctico constante permite a nuestro sistema grabar la energía de las experiencias positivas hasta que llega un momento en que el sistema nervioso se hace adaptable a cualquier situación. Nuestra primera función es corregir las vértebras para incrementar esa plasticidad y después enseñar cómo evitar las subluxaciones.»

Se dio el caso de un matrimonio que ya llevaba años de cuidados quiroprácticos y tuvo un grave accidente de tráfico. Su sistema nervioso se encontraba en el nivel que los quiroprácticos denominan *clear out* o libre de interferencias. A raíz del impacto dieron una vuelta de campana, y mientras el coche se deslizaba con el techo pegado al asfalto, se cogieron de la mano, se miraron como para despedirse y el coche se estrelló. El automóvil quedó destrozado, pero ellos no sufrieron ni un rasguño. Los que creen en la suerte dirán que fue eso, suerte. El doctor Goncharoff sostiene que el cuerpo de sus pacientes era flexible y su banda de frecuencia tan alta que se adaptó al shock y por eso salieron ilesos.

FASES DEL CUIDADO QUIROPRÁCTICO

Una vez iniciado el cuidado quiropráctico, el proceso de sanación del paciente pasará por tres fases distintas, en cada una de las cuales la persona percibirá sensaciones diferenciadas que necesitarán cuidados específicos. También experimentará procesos internos, psíquicos, emocionales y de conocimiento interior que le ayudarán a realizar cambios equilibrados en su vida.

FASE INTENSIVA

Cuidados: en esta primera fase el paciente necesita ajustes frecuentes (dos o tres días a la semana, según el estado de cada persona). El sistema nervioso se encuentra bastante alterado y los tejidos que sujetan las vértebras están mal adaptados. Durante este período, el objetivo del quiropráctico es reducir el daño en la columna vertebral y en el sistema nervioso. El paciente puede haber acudido por dolor o malestar en la columna o por diversos problemas de salud y notará una rápida mejoría de sus síntomas. Sin embargo, lo que hay que comprender es que aunque el dolor ya no exista, la curación total requiere tiempo y no sucede de la noche a la mañana. Aquí es importante una actitud de compromiso personal para cambiar hábitos de vida y seguir algunos consejos básicos de salud.

El doctor en quiropráctica, más que «curarle», va a acompañar al paciente en su proceso de curación.

Sensaciones: se experimenta una gran sensación de relax, sueño o malestar general. Es un proceso normal, puesto que se está modificando la información neurológica y esto requiere un tiempo de adaptación. Es una fase de despertar del cuerpo en la que se incrementa la sensibilidad y la conciencia. Se nota una fluidez en la respiración y el paciente percibe zonas corporales olvidadas o ignoradas.

FASE RECONSTRUCTIVA

Cuidados: en esta fase las visitas serán más espaciadas y uno empieza a hacer cambios por sí mismo. Se reducen o se corrigen las subluxaciones y solamente persisten pocas interferencias nerviosas, las más crónicas. Los tejidos dañados pueden regenerarse, dado que ya les llega la información correcta. Los tejidos blandos están normalizados y sujetan las vértebras de forma adecuada. Ahora la columna está casi o completamente alineada, pero debe ser guiada para que se fortalezca y mantenga los ajustes durante períodos más largos.

Esta etapa es crítica, ya que no hay una total corrección vertebral y puede reaparecer la interferencia nerviosa si los ajustes no son regulares; puede durar meses o años, dependiendo del caso.

Sensaciones: uno se siente más ligero, equilibrado y con más energía, descansa mejor y mejora el estado de ánimo. Es el momento de realizar cambios para cuidarse. Los pacientes empiezan a responsabilizarse de su salud buscando transformaciones positivas en su vida. Quizá ya no tomen tantos medicamentos o es posible que elijan apuntarse a un gimnasio o modifiquen su alimentación.

Ya no se pregunta al quiropráctico, después de una sesión de cuidado, si se puede fumar mientras se pasea. Quizás el paciente descubra por sí mismo que si escucha a su cuerpo, después de un ajuste vertebral y en adelante, ya no le apetece fumar tanto. Un buen quiropráctico, como también un buen terapeuta, no impone dogmáticamente los cambios, los sugiere o simplemente deja que la propia Inteligencia del cuerpo actúe sola.

La nueva fisiología de salud del paciente pide hábitos que aporten salud.

FASE DEL BIENESTAR

Cuidados: la tercera fase es la del bienestar, cuando uno se apodera al máximo de su Inteligencia Innata. En esta fase se realizan ajustes periódicos, ya que la columna mantiene los ajustes. Según el ritmo de vida que llevemos puede que suframos alguna subluxación que se corregirá sola o que será fácil de corregir en la consulta.

Según un estudio sobre calidad de vida realizado a nivel mundial con 2.800 pacientes, todos ellos manifestaron que su calidad de vida seguía aumentando mientras seguían con el programa de ajustes. El bienestar no tiene límites, es un proceso que puede seguir en aumento indefinidamente. Como la salud no es un estado, sino un proceso, la quiropráctica cumple ahí una función preventiva.

Sensaciones: se experimenta una época de plena salud, buena energía, pocas crisis y ganas de cuidarnos. Es el momento de tomar medidas para cuidar al máximo de nosotros mismos.

LA REGULARIDAD EN EL CUIDADO DE LA SALUD

La forma en que la quiropráctica enfoca el bienestar del organismo es un ejemplo de la nueva y cambiante actitud hacia la salud, porque la idea básica es que se reconozca que el «bienestar» no es lo mismo que «el alivio de los síntomas».

Como ya se ha repetido varias veces aquí, la quiropráctica no trata enfermedades, sino que se basa en el concepto de «conservación de la salud». De acuerdo con este enfoque diferente, es importante resaltar que muchas veces estar libre de síntomas no quiere decir estar bien.

Los pacientes que acuden por primera vez a un doctor en quiropráctica generalmente lo hacen por problemas de espalda o por alguna otra circunstancia de orden físico o sintomático antes que por la idea de cuidar de su salud o conseguir más bienestar.

Según un estudio sueco,[1] más del 95 % de los pacientes en Norteamérica y Europa consultan a un doctor en quiropráctica para solucionar sus molestias músculo-esqueléticas, principalmente por problemas en la espalda, en las cervicales y por dolores de cabeza. Las sintomatologías más frecuentes a la hora de acudir a un quiropráctico son dolor de espalda, cefaleas, ciáticas, mareos, asma, tinitis o zumbidos y depresión. Este enfoque sintomatológico es

1. *The Chiropractic Report*, vol. 14, nº 2, marzo de 2000.

normal al principio. En primer lugar porque el paciente neófito desconoce lo que puede hacer por él la quiropráctica y, en segundo lugar, debido a la educación tan limitada que hemos recibido sobre el concepto de salud.

Desde niños nos han enseñado que la salud se compra en la farmacia. Miles y miles de horas de publicidad farmacéutica han conseguido que dejemos nuestra salud a merced de un frasco olvidándonos del poder de curarnos a nosotros mismos. Pensamos, además, que la enfermedad es un estado inevitable: que hay que padecer las enfermedades infantiles porque es normal que sea así, que hay que padecer las enfermedades propias del envejecimiento porque es ley de vida y que moriremos a causa de alguna enfermedad incurable y a menudo dolorosa.

Todas estas programaciones las vamos alimentando a lo largo de nuestra existencia de forma inexorable y van transmitiéndose de generación en generación también como algo cultural. «De algo hay que morir», dicen las personas que se resisten a cambiar malos hábitos, como el tabaco, aunque incluso puedan reconocer que perjudica su salud. Lo que no se plantean es que, aunque la muerte es inevitable, ya que forma parte de la vida, lo importante es morir sanos.

Una persona puede padecer una enfermedad incurable pero estar realmente sana porque vive esa enfermedad con aceptación, con dignidad y con esa paz del que sabe internamente lo que está viviendo, por qué lo vive de esa manera y cómo lo quiere vivir. Una señora de 82 años con terribles dolores de ciática comentaba a su doctor en quiropráctica en Barcelona que, después de varios años de cuidado quiropráctico, realmente su problema no había remitido lo suficiente como para poder sentirse «curada», pero su vida sanó porque obtuvo la fuerza para poder hacer elecciones personales inútilmente aplazadas para ella, como la separación de su marido, que la maltrataba física y psíquicamente y estaba condicionando su bienestar. Ahora decía sentir más vitalidad, ganas de bailar, de hacer cosas nuevas y ya no tomaba medicación.

A medida que un paciente acude a las sesiones de quiropráctica, los síntomas van desapareciendo y puede creer que ya está sano. Aunque éste no sea el objetivo de la quiropráctica, quizá se haya eliminado el síntoma, pero la causa del problema seguirá ahí y la desarmonía puede reaparecer en el momento en que nuestro sistema inmunológico se encuentre bajo de energía.

La quiropráctica es para toda la vida. Éste es un aspecto que muchos pacientes no comprenden y en cuanto se encuentran «bien» físicamente dejan de acudir al quiropráctico, porque confunden alivio temporal con corrección permanente. Al cabo de seis meses vuelven hechos polvo porque han dejado de cuidarse y deben empezar de nuevo.

Para obtener el máximo beneficio debemos dejar pasar el tiempo aconsejado por el quiropráctico para que las causas del problema se corrijan completamente y para permitir que los ligamentos y los músculos afectados se refuercen y se adapten a su nueva posición. Al interrumpir el cuidado es posible que el problema reaparezca de nuevo; entonces, ahí cabe un cambio de mentalidad.

La salud es un proceso que empieza mucho antes de nacer y que quizá siga después de morir. Muchos médicos y científicos están empezando a entrever que estar sano no sólo es un concepto físico, sino que abarca muchas otras realidades que, hoy por hoy, la ciencia no puede medir.

«Una atención regular a nuestro sistema nervioso permite que una persona siga flexible y adaptada, que pueda responder a las diversas situaciones que la vida le plantea, asimilando la información que llega, organizándose a nivel neurológico y a niveles cada vez más sofisticados y adaptables. Cada nueva experiencia nos da la oportunidad de ayudarnos a organizar nuevos niveles», afirma el doctor Goncharoff.

Por su parte, el doctor en quiropráctica y presidente de la World Federation of Chiropractic (WFC) Louis Sportelli comenta que «cuando una persona comprende el concepto quiropráctico de preservar la salud, ya no puede ser engañada por trucos publicitarios. El cuerpo es capaz de conservarse saludable siempre cuando se le suministran los ingredientes esenciales y adecuados. Es decir, buenos alimentos, agua, descanso, aire puro, nutrición adecuada y un sistema nervioso que funcione bien».

El enfoque principal de la quiropráctica es el mantenimiento de nuestra salud. De alguna manera, es acudir al especialista para con-

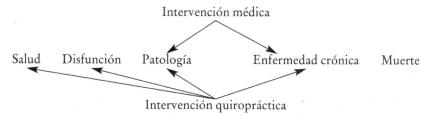

La medicina pone su atención en la patología y las enfermedades crónicas; la quiropráctica, en todo el proceso: salud, disfunción, patología y enfermedad crónica.

tinuar estando sanos, y no sólo cuando nos encontramos enfermos. Prevenir antes que curar.

La filosofía del mantenimiento de la salud no es un descubrimiento reciente y sensacional. En algunas culturas orientales como la china, antiguamente se pagaba al médico para estar sano, y no así cuando se estaba enfermo.

Hace muchos años que la ciencia quiropráctica ofrece un reto estimulante a las personas interesadas en un sistema de salud que no se enfoque en los síntomas.

La profesión quiropráctica enseña las ventajas de dedicarse a corregir las causas, en vez de tratar sólo los efectos. Cuando alguien se pregunta ¿por qué he enfermado? ¿Será por algún virus o microbio? La mejor respuesta está en prestar atención a la causa, ya sea física, emocional, psíquica o espiritual, en lugar de encubrir temporalmente el síntoma. Debemos entender que, a menudo, el hecho de que haya penetrado un virus en nuestro organismo es porque nosotros se lo hemos permitido inconscientemente.

Con nuestras actitudes, pensamientos, estilo de vida y hábitos hemos generado un sistema inmunológico más o menos fuerte que se debilita o se fortalece según sean nuestras pautas externas e internas de funcionamiento. Si nuestro sistema está débil, estará expuesto a que entre cualquier elemento externo en nosotros. Si, por el contrario, nuestro sistema se encuentra fuerte, creará un escudo de protección que impedirá el paso de cualquier elemento extraño, por más virus que circunden el ambiente o por más epidemias de gripe o de viruela que nos anuncien.

El médico bioenergético Jorge Carvajal, convencido de que el 95 % de las enfermedades tiene un origen emocional, lo explica con el siguiente ejemplo: «Una emoción reprimida, como los celos, puede expresarse como dolor en cualquier parte del organismo. Si bien prácticamente todos los seres humanos reprimimos alguna emoción, ¿qué hace que en unos se manifieste como dolor o enfermedad, y en otros permanezca oculto?».

Esta cuestión también se la planteó Daniel David Palmer, el padre de la quiropráctica, porque no entendía por qué entre gente que hacía lo mismo y comía lo mismo, unos enfermaban y otros no. Palmer encontró la respuesta en el sistema nervioso.

Hoy en día, los nuevos avances en fisiología muestran que cada emoción que experimentamos provoca una vibración celular que coincide con sustancias químicas (neuropéptidos) que están atadas a las membranas de los tejidos, sobre todo en los tejidos del sistema nervioso y del sistema inmunológico. Así pues, básicamente nuestro estado emocional determina el estado de nuestra fisiología. La neurocientífica Candace Pert afirma en su libro *Molecules of emotion*: «No podemos seguir pensando que las emociones no son tan válidas como las sustancias físicas y materiales, sino que tenemos que verlas como señales celulares involucradas en la traducción de información a realidad física. [...] Las emociones son el nexo entre la mente y la materia».

Por su parte, el doctor Carvajal prosigue diciendo: «El dolor revela el talón de Aquiles o circuito de menor resistencia. En el mar, cuando baja la marea quedan al descubierto peligrosos escollos que deben ser evitados por los navegantes; cuando sube quedan sumergidos y los barcos pueden deslizarse por allí sin peligro. Los escollos simbolizan todos nuestros puntos débiles, sean emociones reprimidas o carencias de cualquier tipo, y éstas sólo se hacen evidentes si la marea de nuestra energía desciende y las pone al descubierto. Mantener alta la marea de la energía es una medida preventiva que en bioenergética se utiliza para evitar la aparición de la enfermedad. Hay situaciones clínicas que bajan la marea. Puede ser una operación quirúrgica, un parto, la convalecencia de una infección severa, una pérdida afectiva e incluso una situación fisiológica, como la menstruación. Así como hay alternancias en los niveles hormonales, tenemos períodos de alto y bajo nivel de energía relacionados con distintos ciclos fisiológicos. El período menstrual, por ejemplo —lo sabían muy bien nuestras abuelas—, es un lapso de fragilidad energética durante el cual aumenta la sensibilidad del organismo femenino ante estímulos nocivos. Estudios recientes revelan, por ejemplo, que el pronóstico de supervivencia de pacientes con cáncer de seno empeora considerablemente si son operadas durante el período menstrual. El mismo estímulo, que en un individuo genera la movilización de recursos defensivos y el fortalecimiento de su capacidad de reacción, en otro puede ocasionar un dolor crónico de difícil tratamiento. Ante el mismo obstáculo unos aumentan su creatividad y la capacidad para resolver los problemas, mientras que otros se sienten derrumbados. Todo depende tanto del nivel de energía como de la programación anterior. Esta programación es producto de un proceso de aprendizaje».

Los ajustes regulares de la columna vertebral forman parte de las defensas del cuerpo contra las enfermedades. De este modo, ajuste tras ajuste las células del organismo van grabando la nueva información, van aprendiendo otros códigos más sanos.

La eficacia de la atención quiropráctica se mide por los beneficios que se logran a lo largo de toda una vida, ya que es impensable conseguir un sistema nervioso a prueba de bomba con cuatro o cinco sesiones. Por eso, no vamos al quiropráctico para que en cada sesión nos libere del dolor de espalda; vamos para aprender cómo y qué hacer por nosotros mismos para que nunca más nos duela. O incluso para que, aunque tengamos dolor, sepamos cómo afrontarlo desde otro punto de vista más saludable y equilibrado. Hay personas que nunca se curaron de su cáncer pero supieron vivirlo con dignidad disfrutando de la vida. Esas personas realmente habían sanado su vida, porque comprendieron la enfermedad y aprendieron a convivir con ella.

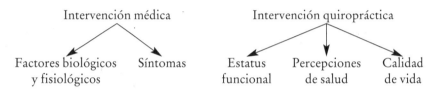

Las dos primeras categorías son tratadas por la intervención médica. Su impacto sobre la calidad de vida del individuo es limitado.

Cada vez hay más gente que se está concienciando de los beneficios de este método de conservación de la salud. Más de veinticinco millones de personas al año en todo el mundo mantienen su salud sometiéndose con regularidad al cuidado quiropráctico. La salud es nuestra responsabilidad y no depende de nada externo. «Si la salud —comenta el doctor Sportelli— se pudiera comprar con dinero no habría ni un solo millonario enfermo.»

Mientras la medicina, a finales del siglo XIX, usaba sanguijuelas para quitar la toxicidad del cuerpo, D. D. Palmer curaba con sólo ajustar las vértebras.

JUAN G. CAMPOS,
doctor en quiropráctica

EL TRABAJO DE UN QUIROPRÁCTICO: CIENTÍFICO O CHAMÁN

«Cuando la quiropráctica se introdujo por primera vez en el mundo, en 1895, ofreció un punto de vista nuevo y diferente para los problemas de salud.

»En esa época, el enfoque se dirigía hacia enfermedades determinadas, tales como gastritis, dolores de cabeza, úlceras, colitis y otras dolencias. La gente solía pensar en tratamientos específicos para cada enfermedad conocida. Un método corriente de tratar las enfermedades a finales del siglo XIX consistía principalmente en introducir sustancias químicas en el cuerpo con la intención de que éstas lo ayudaran a recobrar la salud.

»Por el contrario, la profesión quiropráctica y su método natural de atender la salud sin medicinas sostenía que el cuerpo recibe todas las sustancias químicas que necesita para conservar la buena salud al consumir alimentos, oxígeno y agua. Esta nueva ciencia hacía hincapié en que uno se enferma cuando su organismo deja de digerir, absorber, circular o metabolizar correctamente las sustancias químicas de los alimentos o cuando no elimina adecuadamente las toxinas del cuerpo», explica el doctor en quiropráctica Louis Sportelli en el cuaderno de educación al paciente *Introducción a la quiropráctica.*

La quiropráctica ha recalcado, desde siempre, que la causa de muchas enfermedades se origina con la incapacidad del organismo de adaptarse a su ambiente y que las curas «milagrosas» fruto de los cuidados quiroprácticos son el resultado directo del propio poder natural del paciente para curarse a sí mismo, ya que los profesionales actúan como simples canales para dicha curación.

No es extraño, pues, que en los albores de la quiropráctica un clínico llamado D. D. Palmer, que obtenía excelentes resultados ajustando las vértebras de sus pacientes y que hablaba de que la Inteligencia Innata del cuerpo logra en un segundo lo que ningún médico lograría en toda su vida, fuera tachado de «chamán».[2]

Más y más gente comenzó a acudir a los quiroprácticos, particularmente cuando los tratamientos médicos no podían ayudarles, y esto no ha variado.

Cuando la gente se decepciona de la medicina convencional busca otras formas alternativas y, entre ellas, encuentra la quiropráctica. El doctor Juan G. Campos comenta que actualmente los quiroprácticos viven de lo que no hace el médico. «La quiropráctica está haciendo un gran trabajo en Estados Unidos. El 80 % de los pacientes que va al médico se alivia, un 10 % se alivia algo y el otro 10 % no se alivia. Ese 20 % de los pacientes que no curó el médico acude al quiropráctico porque no les hicieron el trabajo completo», asegura Campos. Lo que sucede ahora es que la quiropráctica está dejando de ser algo alternativo porque el concepto de salud está cambiando.

Pero por entonces, en 1895, las historias de éxitos increíbles circulaban de boca en boca a través de los pacientes satisfechos por las «curaciones» de la quiropráctica. «Curó mi artritis», decía uno; otro contaba la historia de que había estado impedido durante veinte años y después de un ajuste quiropráctico echó a andar. Otro más refería el caso de su hijo, que tenía un cólico y había estado tomando medicamentos durante meses sin ningún resultado, pero con sólo unos cuantos ajustes quiroprácticos, se había cura-

2. Chamán es un sabio en el conocimiento interior, pero ese término ha sido aplicado despectivamente asociándolo a aspectos ancestrales de la brujería y la magia. Los chamanes eran los curanderos de las tribus indígenas.

do. Algunos recuperaban el oído o la vista, cesaban sus migrañas y sus alergias retrocedían.

La historia de la quiropráctica está envuelta de una especie de magia debido a esas «curaciones milagrosas» que algunos supieron aprovechar sabiamente para adjudicarle una mal merecida fama ante la comunidad científica que, ignorante, acusaba a los quiroprácticos de curanderos.

No obstante, si con una mente abierta podemos entender la magia tan sólo como una ciencia de la que todavía no conocemos una explicación, podemos llegar a ver la quiropráctica como la magia de entonces y la ciencia del futuro, tal como expone el médico bioenergético Jorge Carvajal: «La magia es tan sólo ciencia de la que aún no conocemos una explicación. Sin la magia que nos permita el ejercicio del asombro, la vida pierde su condición de búsqueda permanente».

El doctor Tobías Goncharoff afirma haber visto a la gente curarse en su consulta de todo tipo de enfermedades, «pero yo no he curado —asegura—; es el sistema, que ha respondido». Los milagros no existen; es la Inteligencia Innata la que cura.

Los quiroprácticos son simples agentes que facilitan el proceso de la curación, el paso de la Inteligencia Innata a través de nuestro cuerpo.

Para ellos, es fundamental que los pacientes entiendan ese extremo y ponen énfasis en explicar que esas «milagrosas» curaciones son el resultado directo de permitir el flujo de su natural poder para sanar, es decir, de la Inteligencia Innata del cuerpo.

Los quiroprácticos corrigen las subluxaciones o interferencias nerviosas mediante ajustes en la columna vertebral, y allí radica su ciencia y su arte. No hay nada más, ya que la sabiduría innata de la persona hace el resto.

No son chamanes, aunque pueden leer en las vértebras de sus pacientes memorias antiguas que dejaron un shock psíquico o emocional.

No son médicos, aunque estudian más horas que la medicina alopática el aspecto fisiológico, biológico y por supuesto anatómico del cuerpo humano, además de la filosofía, la técnica y la ciencia quiropráctica.

¿POR QUÉ SOY QUIROPRÁCTICO?

• Porque facilito en las personas el desarrollo de su propia capacidad para mantenerse totalmente sanas.
• Porque deseo ayudar tanto a los recién nacidos como a los de más edad y a aquellos sin esperanza.
• Porque trato al paciente enfermo, y no su enfermedad.
• Porque prefiero asistir antes que intervenir, liberar antes que controlar. Pretendo corregir la causa y no el efecto.
• Porque sé que los médicos no curan; sólo el cuerpo se cura a sí mismo. Porque he nacido para servir a los demás.
• Porque cada día soy testigo de milagros.
• Porque... sé que es lo CORRECTO.

Son doctores en quiropráctica y quieren que así se les distinga.

No obstante, algo tienen de sanadores, porque manejan la energía del cuerpo para curar y algunos conocen perfectamente la energía que pasa por la columna vertebral. También pueden aconsejar sobre especialidades de la quiropráctica, como la neurología, la quiropráctica deportiva, la ortopedia, la quiropráctica forense, la pediatría, la geriatría, la ginecología o la nutrición, entre otras muchas.

Por eso, cuando un paciente acude por vez primera a la consulta de un quiropráctico, no sabe en realidad con qué tipo de especialista está tratando. No sabe si tiene que contarle que su estado de agresividad permanentemente reprimida le está afectando al hígado o que tiene un dolor de garganta y desearía verlo desaparecer.

Emociones, pensamientos, sentimientos, enfermedades, huesos, espalda... ¿Qué tratan los quiroprácticos?

La respuesta es simple: no tratan nada. Simplemente cuidan de los pacientes como personas, y no sólo de su columna vertebral.

A nivel físico, cuidan del sistema nervioso, liberando los nervios de la presión que ejerce una vértebra subluxada sobre los mismos.

A nivel emocional y mental, liberan esas memorias enquistadas del pasado y el paciente puede reprogramar su vida, aunque sea inconscientemente. Cambia hábitos, formas de pensar, maneras de entender las cosas.

Sin embargo, no debemos olvidar que todos esos extremos serán vividos sólo si el paciente permite que sea su Inteligencia Innata la que guíe su vida de forma paulatina y natural. Los doctores en quiropráctica no tratan las enfermedades ni el aspecto emocional, mental o espiritual, pero con un sistema libre de interferencias puede ser que se cure la enfermedad y que mejoren los demás aspectos de la existencia.

Ellos, simplemente, hacen posible que la Inteligencia Innata de cada uno fluya con todo su máximo potencial.

LA PRIMERA VISITA

La primera visita consiste en un cuestionario general sobre la salud del paciente, su calidad y hábitos de vida y un cuidadoso examen estructural quiropráctico, poniendo énfasis en la columna vertebral. El examen de la columna vertebral para evaluar su estructura y función es lo que diferencia a la quiropráctica de las otras formas de atender la salud.

Cuando un quiropráctico atiende a un nuevo paciente, es normal que encuentre que sus músculos, ligamentos, nervios y órganos internos no están en perfecto orden. La columna vertebral a menudo experimenta algún tipo de degeneración.

Lo primero que un quiropráctico le pide a un paciente es que rellene un formulario con sus datos personales y su historia clínica. Luego, en la entrevista personal, pondrá énfasis en aproximar al paciente a la filosofía del cuidado quiropráctico.

Hay tres conceptos que el paciente debe comprender: que el cuerpo es un organismo que se cura a sí mismo, que el sistema nervioso es el control regulador de ese proceso interno de autocuración y que la quiropráctica es la ciencia que procura, mediante los ajustes, liberar el nervio de subluxaciones vertebrales que le impiden funcionar con todo el potencial de salud.

Las preguntas que el quiropráctico formula a su nuevo paciente están diseñadas para hacerle comprender que no va a tratar los síntomas de sus enfermedades, sino que pondrá el poder de la curación en sus manos y simplemente le ofrecerá sus opiniones y ob-

LAS PREGUNTAS MÁS USUALES EN LA PRIMERA VISITA

- ¿Por qué viene a vernos?
- ¿Qué espera conseguir con el cuidado quiropráctico?
- ¿Qué cree usted que le pasa, de dónde viene y qué significa?
- ¿Quiere comentarme algo más sobre su salud?
- ¿Lo han operado alguna vez? ¿De qué? ¿Cuándo?
- ¿Tiene hijos? ¿Cuántos?
- ¿Tuvo partos normales / con anestesia / fórceps...?
- ¿Se considera nervioso o tranquilo?
- ¿Qué cantidad de agua bebe al día?
- ¿Tuvo algún golpe o caída importante de pequeño? ¿Se cayó sentado o tuvo algún golpe fuerte en la cabeza?
- ¿Ha tenido algún accidente de coche o moto?
- ¿Cómo se encuentra anímicamente?
- ¿Qué tal su memoria y su concentración?
- ¿Está tomando algún medicamento ahora? ¿Para qué?
- ¿Suele tomar aspirinas, antibióticos u otros?
- ¿Come de todo? ¿Cómo es su alimentación?
- ¿Qué tal duerme? ¿En qué posición: de lado, boca arriba o boca abajo?
- ¿Sabe usted que no es conveniente dormir boca abajo porque en esta posición se produce una torsión perjudicial para la columna?
- ¿Hay algo más que quiera comentarme sobre su salud?

PARA LOS NIÑOS:

- ¿Les pone vacunas?
- ¿Cómo fue el parto cuando nació: con fórceps, con cesárea, con ventosas, con anestesia o parto normal?
- ¿Tiene resfriados frecuentes, otitis, dolores de garganta o de cabeza?
- ¿Tiene problemas de aprendizaje, de concentración, de audición o de vista?

servaciones como un especialista más. Y, por supuesto, le acompañará en su proceso. Preguntas como ¿cuál cree que es la causa de su problema de salud?, ¿cómo cree que ese problema afecta a su vida? o ¿cómo podría crear un estilo de vida para que ese problema no le afecte? son típicas en la consulta de un quiropráctico.

En el cuadro anterior se ilustran algunas de las preguntas más usuales, pero evidentemente pueden variar según la consulta.

La entrevista clínica sirve para identificar el problema que más le preocupa al paciente. También se plantean cuestiones sobre la historia clínica de la familia, otros tratamientos que haya recibido, su trabajo y forma de vida, la calidad en las relaciones personales y otros temas que el paciente quiera sacar a relucir para poder determinar la naturaleza de la enfermedad.

Además de la consulta y del interrogatorio clínico, se realiza un examen que puede incluir palpación, postura, radiografía, termografía, pruebas de tipo ortopédico y neurológico y pruebas de laboratorio, entre otras que el doctor en quiropráctica considere necesarias para determinar el problema de salud.

Luego se realizará un examen cuidadoso de la columna para detectar cualquier desequilibrio estructural que pudiese influir en cada caso. Es posible que uno no vea relación alguna entre una caída de hace treinta años, un accidente en la niñez u otra circunstancia aparentemente no relacionada con la enfermedad actual, pero todos estos factores pueden ser válidos para un quiropráctico.

Después del examen y del diagnóstico, el paciente recibe un informe de su situación donde se le explica si existen interferencias nerviosas y la gravedad de las mismas. Paciente y doctor hablarán sobre cómo corregir la interferencia con ajustes, y prevenir la recaída mediante ejercicios, cambios en el estilo de vida o, como sucede normalmente, con todo a la vez.

Al principio, pueden ser necesarios varios ajustes, pero a medida que la salud del paciente mejora, el número de ajustes disminuye y pasa a la etapa del bienestar. No hay que esperar que las subluxaciones vertebrales se corrijan en unas pocas visitas. Se requerirán varios ajustes para estar seguros de que las vértebras han regresado a su posición correcta y sus ligamentos y músculos pueden continuar manteniéndose en su lugar.

Una vez el paciente esté bien, tan sólo se harán controles periódicos, normalmente mensuales, para asegurarse de que la columna permanece libre de interferencias.

El examen más corriente se llama «palpación». El doctor en quiropráctica siente o palpa suavemente toda la zona espinal y prueba la movilidad para detectar interferencias nerviosas. Si no hay una amplia movilidad, significa que la vértebra está subluxada.

La subluxación sólo se diagnostica con las manos, ya que no se puede probar ni determinar con ningún aparato. Sin embargo, se pueden utilizar otros métodos o instrumentos para medir el efecto de la subluxación, como pruebas neurológicas, una termografía, una melografía (EMG), una tomografía computerizada (TAC) o una resonancia magnética (RMI). Todas las técnicas de diagnóstico y medición son seguras, indoloras y no invasoras.

Según el caso, el profesional puede pedir una radiografía de la espalda, ya que las indicaciones de interferencias nerviosas se ven mediante este método de diagnóstico. En cambio, los rayos X no sirven para detectar el daño en los tejidos blandos, los nervios, los músculos o los discos.

Los doctores en quiropráctica usan con mucha cautela y sensatez los rayos X, por la radiación que producen en el organismo. De hecho, sólo los utilizan como herramienta de diagnóstico y no como terapia o tratamiento. El mismo B. J. Palmer defendió en 1910 el uso del invento de Wilhelm Roentgen, la máquina de rayos X, como herramienta válida de la práctica quiropráctica.

La Universidad de Palmer fue vanguardista en el uso de la radiología como una herramienta de diagnóstico. El mismo B. J. Palmer inventó varios instrumentos para medir el funcionamiento del sistema nervioso; vistos hoy son tecnológicamente muy pobres, pero en 1905 fueron avances científicos impresionantes.

Sus inventos fueron los prototipos de la melografía y la termografía de hoy. Ha llovido mucho desde entonces, pero la radiología quiropráctica sigue exponiendo generalmente al paciente a mucha menos radiación que en otros exámenes médicos u ortopédicos, aseguran los quiroprácticos. Las pantallas escudos y los rayos X de alta velocidad reducen el peligro de una exposición prolongada.

«Las radiografías de la columna suelen ser necesarias en muchos casos porque son la única manera de ver el contorno específico de la columna vertebral.

»Si bien es cierto que los rayos X deben usarse con sumo cuidado y cuando sea realmente necesario, el profesional valorará conscientemente si el beneficio que pueden aportar las radiografías justifica los daños potenciales e inevitables de dicho examen.

»Las radiografías adquieren un nuevo significado cuando son estudiadas por un doctor en quiropráctica, porque además de precisar la patología o la existencia de una fractura puede ver si el alineamiento estructural es normal o anormal. Dicho examen proporciona un "plano" de la columna vertebral que ayuda a determinar las áreas específicas de debilidad en la columna para poder aplicar el ajuste necesario», explica el doctor Sportelli.

Después de la entrevista y de la detección de subluxaciones, el paciente pasa a las básculas (una en cada pie), que no miden el peso, sino los grados de peso de más o de menos que cargamos en cada lado. Asimismo, en el posturómetro se mide la postura, es decir, la inclinación de los hombros, la cabeza y la cadera. Lo ideal sería que no existiera dicha inclinación, como tampoco diferencias de peso en cada parte del cuerpo, porque indicaría que nuestra columna vertebral está en perfecto estado.

Si la quiropráctica no hubiera ofrecido un enfoque diferente del cuidado de la salud no se hubiera convertido en el sistema sanitario más conocido y empleado por el mundo que no usa medicamentos.

No obstante, como todo depende de la capacidad del paciente para curarse a sí mismo, puede haber ocasiones en las que el cuerpo no logra vencer las dolencias porque ha agotado sus mecanismos de defensa. Sólo en esos casos, la quiropráctica justifica el uso de medicinas o cirugía. En esa situación, el doctor en quiropráctica está capacitado para ofrecer una opinión profesional sobre el facultativo más apropiado.

Quizá la muerte sea lo único que la quiropráctica no pueda modificar, «aunque también se han dado casos de reanimación», comenta el quiropráctico Tobías Goncharoff. Llegados a esos extremos de desesperanza sólo cabe esperar un «milagro», y a veces el milagro, sin saber cómo, acontece.

La mayor enfermedad es la ignorancia sobre nuestro propio potencial curativo. Y a veces, ese potencial se manifiesta cuando todavía nos queda algo por tejer en el hilo de la vida; entonces, nos conectamos de nuevo a la red.

La adaptabilidad es probablemente la característica más distintiva de la vida. [...] Ninguna de las más grandes fuerzas de la materia inanimada es tan poderosa como la vigilancia y la adaptabilidad para cambiar lo que nosotros designamos como vida.

HANS SELYE,
endocrinólogo y Premio Nobel en 1950

TODOS NECESITAMOS UN QUIROPRÁCTICO

Uno se da cuenta de la importancia de revisar la columna vertebral lo antes posible cuando descubre que la mayoría de los procedimientos obstétricos utilizados hoy en día provocan, como mínimo, una subluxación de las vértebras cervicales en el momento de nacer. Podemos arrastrar toda la vida esa interferencia sin que el dolor nos alerte de ella, pero con toda seguridad está afectando a nuestra salud.

Por eso, ante la pregunta ¿quién puede o debe acudir a un quiropráctico?, la respuesta es: todos, cualesquiera que sean sus síntomas o su circunstancia.

Según el doctor en quiropráctica Juan G. Campos, hay siete señales peligrosas que indican cuándo se debería ir al quiropráctico: dolor de cuello y cabeza, de espalda, en las extremidades, hormigueos, tortícolis, mareos y entumecimientos. «La mayoría de los pacientes en Estados Unidos llegan a un quiropráctico por una de estas causas, y el 98 % de ellos tiene una subluxación.»

Los doctores en quiropráctica no tratan síntomas ni enfermedades, ni usan química, ya que ése es el campo de la medicina, pero en sus consultas caben todas las sintomatologías habidas y por haber, aunque no las vayan a tratar específicamente.

Los quiroprácticos cuidan de la persona integralmente a través del mantenimiento del sistema nervioso, y aunque con el cuidado quiropráctico la experiencia muestra que muchas enfermedades realmente se curan, su atención no se centra en el síntoma.

«Los quiroprácticos ajustan la causa del malestar en vez de tratar los efectos», decía B. J. Palmer.

«Muchas personas creen que los quiroprácticos atienden principalmente casos de tipo ortopédico, tales como lumbago, ciática, latigazos (traumatismo en el cuello por un movimiento exagerado hacia atrás o hacia adelante) y problemas de disco. Es verdad que, para dichas dolencias, lo mejor es consultar primero al quiropráctico, porque desde Hipócrates se ha demostrado que el ajuste de la columna es útil en dichos casos.

»Otras dolencias funcionales, como las que afectan a los órganos y glándulas internas del cuerpo, pueden también responder a los ajustes quiroprácticos, ya que todas las glándulas, órganos y tejidos del cuerpo requieren de inervación o de alguna forma de estímulo por parte del sistema nervioso. Así pues, las dolencias que atiende el doctor en quiropráctica son tan variadas y vastas como el mismo sistema nervioso», afirma el doctor Sportelli.

ALGUNAS DE LAS ENFERMEDADES MÁS COMUNES A LAS QUE LA QUIROPRÁCTICA PONE REMEDIO NOTABLEMENTE, AUNQUE NO LAS TRATA

Fiebre	Hipertensión
Estreñimiento	Dolor de estómago
Artritis	Dolores de cabeza
Sinusitis	Mala concentración
Cólicos	Bronquitis
Mala postura en la cama	Enuresis
Dolor de caderas, piernas y pies	Dolores de nuca
Pérdida de oído	Entumecimiento
Problemas de la vista	Enfermedades de la piel
Resfriados frecuentes	Dolor de brazos y manos
Escoliosis	Crup
Nerviosismo	Debilidad o fatiga
Infecciones de oídos	Irritabilidad
Dolores de espalda	Dolor de hombros
Mala coordinación	Articulaciones dolorosas
Asma y resuello difícil y sibilante	Tos
Alergias	Respiración jadeante
Problemas de aprendizaje	Una pierna más corta que la otra
Irritabilidad	Migrañas

Por eso todo el mundo puede acudir a un quiropráctico: los que sienten dolor de cabeza, vértigo, mareos, migrañas, problemas de aprendizaje, ceguera, sordera, los que tienen sida, cáncer, osteoporosis, escoliosis, asma, bronquitis, los que se sienten deprimidos, con falta de energía y de ánimos para vivir, las mujeres, los hombres, los niños y las personas mayores. También se han ajustado caballos y perros, ya que nuestros amigos del reino animal no son fisiológicamente tan diferentes de nosotros.

Que no se trate el síntoma no quiere decir que no se puedan sanar esas enfermedades. En realidad se alivian y se curan, pero el síntoma no es el objetivo de la quiropráctica, como ya se ha mencionado.

La forma correcta de pensar es que «la quiropráctica ayudó a curarme», apunta el doctor Tobías Goncharoff.

Los médicos de otras disciplinas no pueden determinar si uno sufre una interferencia nerviosa porque no han sido entrenados para reconocerla como los quiroprácticos. Por otra parte, la forma de trabajar es muy distinta a la de una consulta médica, ya que los quiroprácticos no trabajan «sobre» sus pacientes, sino «con» sus pacientes, porque piensan que el cuerpo tiene sus propias leyes, «observan» la vida y creen que el cuidado de la salud y el bienestar es un proyecto conjunto entre paciente y doctor, un compromiso mutuo.

Además, la mayor parte de estos profesionales «educan» a sus pacientes —en latín la palabra *doctor* quiere decir «educador»— sobre las maneras de conservar su salud ofreciéndoles programas de vídeo, charlas, orientación, lecturas, talleres... para que con el tiempo el paciente aprenda a manejar su salud.

En ello tiene un papel determinante la asistenta o asistente, que viene a ser el Pepito Grillo de una consulta quiropráctica, es decir, la persona que «educa» la conciencia del paciente, que explica cómo actúa la quiropráctica, llegando así a donde el profesional quizá no haya podido llegar porque hay otros pacientes que esperan.

La función de esas asistentas es crear conciencia sobre la necesidad de que cada paciente asuma su responsabilidad sobre el proceso de su salud.

Según la consultora médica y quiropráctica neozelandesa Ngaire Cannon, que asesora por todo el mundo sobre cómo organizar consultas médicas y quiroprácticas, «la asistenta de una consulta tiene que tener casi los mismos conocimientos que un doctor y saberlos transmitir al nivel de cada paciente. Lleva ventaja porque no tiene tantos tecnicismos incorporados a su lenguaje y le es más fácil comunicarse, pero por otro lado es más difícil para ella ganarse la confianza del paciente porque no se da el contacto de la consulta. Para ser efectivas, las asistentas deben tener pasión por la quiropráctica, por el estilo de vida y la filosofía de salud que propone».

Ngaire Cannon, que fue asistenta quiropráctica durante veinte años y lleva diez como consultora, apunta en la entrevista que realicé para la Asociación de Pacientes de Quiropráctica de España (APQE) en otoño de 2000 que «administrativamente hablando no hay mucha diferencia entre organizar una consulta médica o quiropráctica. La diferencia está en que los médicos van a corregir los efectos y la quiropráctica busca la causa de la enfermedad. Para aproximarse al paciente, la asistenta debe entender esa diferencia. En una consulta quiropráctica la asistenta sale de detrás del mostrador para explicar que la salud viene de dentro y para que el paciente tome conciencia de que debe cambiar su comportamiento o hábitos de salud. Ella es la que crea el cambio de conciencia. Lo que yo he sentido en la mayoría de consultas quiroprácticas de todo el mundo es sensibilidad hacia el paciente. Los doctores en quiropráctica son muy cariñosos y mimosos, y las asistentas deben transmitir lo mismo: pasión y comprensión».

Un buen quiropráctico alentará a que cada paciente realice los cambios por sí mismo, con amor y compromiso, y a menudo un abrazo, una sonrisa, pocas palabras o un beso de complicidad son el mejor ajuste que un doctor puede hacer.

Esa complicidad de saber humildemente que él no tiene la varita mágica para curar, pero que puede acompañarte en tu proceso y que no te abandonará.

Existe una teoría sobre el porqué de la pandemia de depresión que se ha generalizado en el siglo XXI, y es la del abandono. Nos sentimos solos en el mundo, desconectados; la vida carece de importancia cuando uno siente que no existe por ningún motivo más trascendente que el de la simple supervivencia.

En este tema la quiropráctica realiza una función fundamental porque promueve el concepto de «interdependencia», de que todo está conectado y de que formamos parte de una sinfonía global, la sinfonía cósmica, que sin nosotros pierde una nota.

Quizás el problema sobre el sentido de nuestra vida y de la salud es que no nos hacemos la pregunta correcta.

Como muestra un botón: Viktor Frankl, el creador de la logoterapia que descubrió la «verdadera libertad» (la libertad de elegir cómo respondemos a la vida por más condicionados que estemos) en un campo de concentración nazi, le dijo a una paciente con muchos problemas y que llevaba ya dos horas hablando de que su vida no tenía sentido: «¿Y usted por qué no se suicida?». Esa pregunta fue realmente terapéutica porque obligó a la paciente a enfrentarse a eso y enseguida reaccionó: «Pero ¿cómo quiere que me suicide si tengo marido e hijos a los que cuidar?». ¡De repente, súbitamente, su vida se había llenado de sentido!

Muchas veces no tenemos la respuesta correcta porque no hemos hecho la pregunta correcta. Si la formulamos, el cosmos tiene la respuesta.

«Hay siete preguntas inteligentes que nos debemos hacer, porque la calidad de nuestra vida se basa en la calidad de las preguntas que nos planteamos», afirma el doctor en quiropráctica John F. Demartini, que las aplica en sus seminarios. Éstas son:

- ¿Qué es lo que realmente quiero hacer en la vida?
- ¿Cómo me pueden pagar económicamente por ello?
- ¿Cuáles son las siete acciones prioritarias que puedo hacer cada día para poder cumplir ese objetivo?
- ¿Cuáles son los obstáculos o retos que puedo encontrarme y cómo lo planeo para solucionarlos de antemano?
- ¿Qué es lo que funcionó o no funcionó cada día que hice esto?
- ¿Cómo puedo hacer esto de manera más eficaz?
- ¿Cómo me ayudó cualquier cosa que ocurrió, ya sea positiva o negativa?

«Estas siete preguntas ayudan a la gente a transformar su vida de la desesperación a la inspiración. Tengo cientos de casos de personas que transformaron su vida y ahora hacen lo que quieren.» Quizá la pregunta más difícil sea la primera: saber lo que uno quiere hacer en la vida, pero Demartini asegura que no: «En su corazón lo saben perfectamente, pero tienen un filtro de miedos y culpabilidades, excusas y negaciones, que oscurecen esa verdad. Cuando alguien contesta a la primera pregunta "no lo sé", le planteo los retos y descubre que, realmente, lo sabe. El corazón y el alma saben el destino y la dirección, pero las emociones y los miedos lo enturbian. Yo ayudo a ver esos obstáculos».

Nuestra vida es un interrogante abierto por descubrir. También la estrategia terapéutica del médico bioenergético Jorge Carvajal es llevar al paciente a preguntarse qué le puede dar la vida. «La depresión es la tristeza profunda de no dar aquello que uno tiene y que vino a dar —asegura—. Si te permiten acariciar, si te permiten trabajar, si te permiten servir, si te abren un lugar para dar lo mejor que tú eres y tienes, súbitamente viene el milagro de la salud.»

Ese milagro amasado con el calor humano de los antiguos sanadores todavía se puede encontrar en algunas consultas de los quiroprácticos vitalistas, que siguen la filosofía vital del padre de la medicina, Hipócrates, y es la aspiración a la que debería tender cualquier medicina, un calor que forma parte de esa revolución de la salud de la que hablaba el doctor B. J. Palmer.

Hipócrates creía que la esencia de la vida y la habilidad del cuerpo para curarse eran el resultado de un «espíritu vital». Este mismo concepto de vitalismo apareció en todos los documentos antiguos, y en el siglo XX fue reemplazado por el de Inteligencia innata. A esa energía o fuerza vital Hipócrates la llamaba *vis natura medicatrix* para referirse a la fuerza interna de que disponemos para nuestro correcto funcionamiento y que da vida a la Vida.

No obstante, la medicina se olvidó de muchos principios hipocráticos. «Gran parte del enfoque actual que tenemos de nosotros mismos se fundamenta en el modelo newtoniano de entender la realidad como un modelo mecanicista que interpreta al ser humano como una compleja "máquina biológica" en la que se considera, por ejemplo, el corazón como una bomba, el riñón como un filtro o el cerebro como un ordenador —explica la doctora en medicina Inmaculada Nogués en su libro *De lo físico a lo sutil*—. Newton interpretaba el universo así, como una gran máquina. Esa visión nos ha permitido introducirnos muy profundamente en el estudio más físico o material de la constitución del hombre realizando avances maravillosos y llegando a límites insospechados. De ello se encargan la medicina y la anatomía, tanto en medicina como en biología, pero es sólo una parte de nuestra realidad.

»Todos sentimos que el ser humano es algo más que una compleja máquina, suma de órganos físicos, intercambios y reacciones físicas o enzimáticas. Nuestra constitución va más allá de la simple forma visible a nuestros ojos.»

Los mejores médicos son los que usan la ciencia con amor. Si un médico, sanador o doctor en quiropráctica no tiene buen carácter no puede ser sanador. El temperamento se hereda, pero el carácter se moldea y es un instrumento del alma.

El sanador, como el quiropráctico o el médico que usa su ciencia con conciencia, presta energía de su alma a la otra alma para que encienda la chispa que ha de llevarle a la sanación de su enfermedad.

Todo es energía. «La materia es energía condensada y la energía es materia en estado radiante», decía Einstein. La energía universal, lo creamos o no, circula entre los seres vivos e irradia de ellos. Su fuerza magnética sigue al pensamiento y es sensible a la intención. Irradia de las manos del jardinero al crear la belleza sanadora de un jardín, acompaña el flujo amoroso de la leche desde el seno materno, puede sentirse al contacto de la mirada, en el arrullo de las palabras, en el toque sutil de un doctor en quiropráctica, en la presencia de aquel médico entrañable que cuando niños entraba en la habitación y la fiebre desaparecía como por arte de magia, con la consiguiente vergüenza de nuestros padres por haber «molestado» al doctor.

Cuando confías te puedes curar. Y eso lo saben los doctores en quiropráctica.

«Cuando tenía 17 años —comenta el quiropráctico John F. Demartini— me dijo un gran profesor, filósofo y sanador que cuando el cuerpo está regido por la mente y la mente está dirigida por el alma y el alma es humilde ante la divinidad, maximizamos la expresión de la sanación y atraemos la forma perfecta de la curación a cualquier nivel que lo necesitemos.»

El sistema nervioso comprende el sistema simpático y el parasimpático. Cuando el organismo se encuentra en el parasimpático estamos receptivos y en paz. Es cuando nos enamoramos o nos ponemos colorados, cuando descruzamos los brazos y estamos abiertos a los demás. La persona está en orden.

En cambio, en el simpático es imposible la relación. Nos encontramos en una posición de fuga o ataque, estresados.

El neurocirujano e investigador Alf Breig publicó hace algunos años un estudio sobre la teoría de la «tensegridad» en el que relacionaba el sistema nervioso con las posturas de flexión y extensión. Su observación científica respaldó lo que los quiroprácticos saben por experiencia: que el daño nervioso procede de la tensión de los nervios, y que cuanto más tenso está uno más flojo y rígido se encuentra.

Los doctores quiroprácticos explican, a título de ejemplo, que si queremos pedir un aumento de sueldo a nuestro jefe, es mejor hacerlo cuando esté sentado en una silla con el pecho abierto, la cabeza para atrás y los brazos descruzados. En esa postura se encuentra en estado parasimpático, es decir, receptivo. En cambio, en una postura de flexión, encorvado hacia adelante, cruzado, se encuentra en una postura de defensa, en estado simpático, en el que su única preocupación es luchar para sobrevivir. Ahí, mejor no pedir el aumento, porque es muy probable que no lo consigamos.

Otro estudio de dos años de duración, esta vez de alumnos de quiropráctica en Estados Unidos y conducido por el doctor en quiropráctica Bill Ruck, fue realizado con 200 fallecidos para ver cómo había afectado el estado de salud a la médula espinal y a las meninges. El estudio concluyó que había una relación directa entre las posturas de estrés, de hiperflexión, en las patologías de la médula. «Lo más sorprendente —relata el doctor Tobías Goncharoff, que participó en el estudio— fue ver que la médula y las meninges que la protegen tenían mucha fibrosis o adhesiones entre ambas. Es decir, la médula, que es muy fluida, en esos casos no fluía correctamente. Esto podría explicar mucho sobre las enfermedades y el estrés.»

Según afirma el doctor en quiropráctica Brant Biddle, que ejerce en Mallorca, «recientes estudios apuntan a que la mente no se encuentra en el cerebro, sino en el fluido del sistema nervioso». La meta final de la quiropráctica es que nuestro sistema nervioso sea tan flexible que podamos adaptarnos a cualquier situación de estrés en la vida.

«El estrés es como un tigre, y el tigre mayor es el miedo. Y si nos encontramos en estado de fuga o ataque (en estado simpático) y no podemos huir, entonces la situación es mortal. Por ello, lo primero que hace un sanador o un doctor entrenado es eliminar el miedo del paciente, relajándolo, sacándole de la frecuencia de su enfermedad, con el colchón afectivo de la confianza. Lo primero para sanar es sacar el miedo.

»La confianza nos devuelve al ritual de desarrollo, aquel que afortunadamente muchos aprendimos de niños y que nos hizo crecer. Es aquel ritual en que el bebé llora y la madre acude. Un milagro de la vida, porque el bebé se da cuenta de que cuando él se mueve, el mundo (su madre) se conmueve. Cuando falla este ritual empieza la enfermedad», explicaba en uno de sus cursos en Barcelona el doctor Jorge Carvajal.

Es ampliamente conocido por la medicina bioenergética y la quiropráctica que el principal riesgo de mortalidad se encuentra en la calidad de las relaciones, ya que de ellas depende nuestro sistema de creencias, nuestros valores, lo que opinamos de nosotros mismos, la obra de nuestra vida.

La imagen que tenemos de nosotros mismos es un agente terapéutico por excelencia. Una persona incide radicalmente sobre su salud según la imagen que tenga de sí misma. El doctor en quiropráctica John F. Demartini cuenta que, en sus seminarios de crecimiento personal, lo que hace es que «las personas descubran sus valores reales para que no se comparen con otros, para que se veneren, sean gratos y puedan hacer lo que aman. Lo importante no es lo que hacemos, sino la conciencia y la presencia en lo que hacemos. Conocí a un señor que era basurero y un día lo vi bailar mientras trabajaba. Ese hombre estaba inspirado por poder traer orden al mundo recogiendo la basura. Esto es la magnificencia divina, la simplicidad. En los seminarios yo comparto la inspiración de cada persona y les enseño un método para despertar su poder y magnificencia únicos. Cuando la descubren lloran de gratitud. Son lágrimas de síntesis».

La quiropráctica va limpiando patrones erróneos y rescatando poco a poco la mejor imagen posible en cada momento de nuestra vida, llevados de la mano de nuestro médico interior. Esto acontece sin que seamos conscientes de cómo actúa, sino sólo a nivel físico.

Solamente un movimiento hacia la participación consciente de la gente en la incesante conquista de la salud podrá cerrar la brecha creada por actitudes mecanicistas hacia la vida.

La quiropráctica va creando condiciones de flexibilidad que permitirán al médico interior emerger con toda la fuerza de su plena conciencia, para ayudar a adaptarnos al medio.

> *Cuando un bebé nace, es un manojo de neuronas que espera ser hilado en una tela. Las neuronas se mueven, llevando impulsos de actividad eléctrica en ondas coordinadas que cambian la forma del cerebro. En el momento de nacer, el cerebro tiene 100 billones de neuronas, tantas como estrellas hay en la Vía Láctea. Las experiencias de la infancia determinan qué circuitos se convertirán en patrones o modelos.*
>
> STUART y THERESA WARNER,
> doctores en quiropráctica

LOS NIÑOS Y LA QUIROPRÁCTICA

Los padres aprecian la importancia de hacer revisiones periódicas de la dentadura, de la vista, de los oídos y de la garganta a sus hijos, pero olvidan la más importante de todas, la revisión de la columna vertebral, advierten los quiroprácticos.

La columna vertebral es la línea de vida del cuerpo porque dentro está la médula espinal, un haz que contiene miles de millones de fibras nerviosas que llegan a todas las partes, enviando mensajes y flujo energético desde el cerebro a todos los órganos. Si cualquier nervio se bloquea o sufre daño a lo largo de la médula espinal, provoca un desequilibrio que lleva al debilitamiento generalizado del cuerpo y a una menor resistencia a las enfermedades.

La mayoría de los bloqueos del nervio en la columna vertebral son causados por pequeñísimas desalineaciones de las vértebras de la espina dorsal, llamadas subluxaciones.

Los niños están más expuestos a esos desequilibrios debido a la actividad física que desarrollan y a diversos factores químicos, emocionales o ambientales que causan una mayor disfunción en un sistema nervioso en formación.

La columna sufre tensiones y presiones desde el momento mismo del nacimiento, ya que el parto es probablemente el primer shock que recibe la espina dorsal y el sistema nervioso del recién nacido. La primera subluxación puede acontecer, y de hecho acontece, a causa de los procedimientos obstétricos, como el uso de fórceps, especialmente cuando se utilizan para torcer y tirar de la cabeza y de la nuca. (En un parto normal se aplican 20 kg de fuerza, con fórceps 30 kg y con cesárea 40 kg.) Inmediatamente después del nacimiento, ¿qué sucede con la espina dorsal del bebé cuando el médico lo sostiene cabeza abajo agarrado por los pies? Ésta es una ocurrencia demasiado común y desafortunada para el famoso obstetra francés Frederick Leboyer, que comenta este aspecto en su libro *Por un nacimiento sin violencia*: «¿Por qué, cuando la espina dorsal vulnerable ha estado siempre curvada, se insiste en sostener al recién nacido cabeza abajo y enderezarle la espalda de un tirón?».

Recientemente la profesión médica ha reconocido lo que los quiroprácticos saben desde hace un siglo: el Síndrome de Cimbronazo por Sacudida (SCS), que ocurre cuando se sacude fuertemente a un bebé, puede causar ceguera, parálisis, convulsiones, daño del cerebro y/o de los ojos.

Algunos quiroprácticos aconsejan partos naturales en casa por los grandes beneficios que suponen para la madre y el niño.

El doctor en medicina Robert S. Mendelson, uno de los pediatras norteamericanos, líder de esta práctica y detractor de la medicina convencional, afirma en su libro *Confessions of a Medical Heretic* que «los niños que nacen en hospitales tienen más probabilidades de sufrir estrés durante el trabajo de parto y el parto mismo, ocho veces más probabilidades de quedar atrapados en el canal de parto, cuatro veces más de necesitar reanimación, cuatro de tener una infección y treinta de quedar permanentemente dañados».

El doctor en quiropráctica Terry A. Rondberg refiere, en el libro *Chiropractic First,* algunos estudios relativos a los niños y al parto. En un estudio comparativo realizado con dos mil nacimientos en el Centro de Recién Nacidos de la Universidad de Wisconsin se constató que, de los casi mil nacimientos que ocurrieron en casa, sólo cuatro bebés tuvieron que ser reanimados, comparados con los cincuenta y dos casos de bebés que nacieron en el hospital.

En 1987 la revista médica alemana *Manuelle Medizin* publicó un estudio realizado a 1.250 bebés cinco días después de nacer, y se constató que 211 padecían vómitos, hiperactividad y falta de sueño.

Al ser examinados se vio que estos niños tenían anomalías en la columna vertebral. Después de ajustarlos, todos los bebés se calmaron, dejaron de llorar, sus músculos se relajaron y pudieron dormir. El mismo informe decía que más de mil bebés padecían una interferencia nerviosa en la zona alta de la columna vertebral, lo que provocaba desde un deterioro motor hasta una disminución de su resistencia a las infecciones, especialmente las de nariz, garganta y oídos.

Incluso en partos bajo el agua, considerados como los menos traumáticos de todos, se producen subluxaciones. ¿Cómo debe ser entonces la presión que se ejerce sobre la columna de un recién nacido en partos con cesárea, con fórceps, palas o con anestesia local?

«Los científicos están aprendiendo cómo valorar con precisión el daño en los bebés, pero ya saben que un tirón leve en el cuello puede causar una subluxación que origina daños imperceptibles en un principio, pero que, eventualmente, pueden causar problemas de aprendizaje», dice Rondberg.

El trauma en el nacimiento puede ocurrir incluso en un parto rápido. El doctor Abraham Towbin, un neuropatólogo del Hospital de Niños de Boston, dice que la principal causa de trauma es la tracción longitudinal con flexión y torsión del eje vertebral durante el parto. «A menudo ocurren daños en la médula espinal, pero no son detectados en los exámenes de rutina. La deficiencia respiratoria en el recién nacido es un signo claro de tales daños. Si el bebé vive, pueden quedar defectos neurológicos; en otros casos se puede manifestar una parálisis cerebral, retraso mental u otros defectos.» Según el doctor Towbin, siete de cada ocho víctimas del Síndrome de Muerte Súbita sufren daños en la espina dorsal que causan la muerte del bebé.

El trauma en el nacimiento adquiere fundamental importancia, por lo cual es conveniente que un quiropráctico examine al recién nacido para detectar y corregir posibles subluxaciones, pero existen otras razones importantes, como una cesárea o una mala posición fetal en el útero.

Después del séptimo mes, el feto debería girarse cabeza abajo para utilizar mejor el espacio en el útero. En un 3 % de los partos, el bebé no gira y no está «encajado».

La columna vertebral y el sistema nervioso crecen rápidamente durante el último trimestre y es importante que el feto tenga espacio suficiente para moverse y desarrollarse; si no es así, pueden producirse subluxaciones.

Por otra parte, los nacimientos con cesárea pueden provocar muchas complicaciones futuras en un recién nacido, contrariamente a lo que se cree: que el niño no sufre trauma alguno puesto que no debe realizar ningún esfuerzo a través del canal del parto, comenta el quiropráctrico Tobías Goncharoff.

Todo lo contrario: al no pasar por ese canal, le falta estimulación. La cesárea es una operación, y el bebé recibe, en primer lugar, la intoxicación química de la anestesia a través del cordón umbilical que le une a su madre, la falta de estimulación por no pasar por el canal de parto y debe soportar los 40 kg de fuerza que se requieren para sacarle, ya que el músculo de esta parte de la mujer es muy fuerte.

De una forma alarmante, cada vez se dan más alumbramientos por cesárea en nuestra sociedad. La tasa de partos con cesárea en Estados Unidos aumentó de un 5,5 % en 1970 a un 24 % en 1986 y no se ha movido desde entonces. Esto indica que una de cada cuatro mujeres da a luz con cirugía. Según los doctores Van Tuinen y Wolfe, ésta es la cirugía más practicada en Estados Unidos. Puntualizan, además, que un cuarto de las admisiones en la unidad de cuidados intensivos de neonatos y más de la mitad de las complicaciones ocurren en bebés de madres pertenecientes a grupos de poco riesgo.

La presidenta de la Fundación Americana de Salud Materno Infantil, Doris Haire, se pregunta: «¿Qué proporción de esas complicaciones, que ocurren durante el trabajo de parto, son el resultado directo de procedimientos obstétricos agresivos?».

«La quiropráctica se hace imprescindible para la mujer embarazada debido a los importantes cambios físicos y químicos que se producen en su cuerpo. No sólo alteran su centro de gravedad con el aumento de peso, sino que su columna se vuelve más flexible con la producción de relaxina, una hormona que liberan los ovarios y cuyo papel es relajar los ligamentos pélvicos para prepararlos para el parto. Si ya existe un desequilibrio, la relaxina puede aumentar el malestar porque se formarán más subluxaciones y se debilitará el sistema nervioso», aseguran los quiroprácticos.

La quiropráctica nos ayuda a que el sistema reproductor, así como los otros sistemas del cuerpo, reciban sin interferencias el flujo nervioso que proviene de la columna vertebral. Conseguimos así una columna vertebral libre de subluxaciones y un sistema nervioso libre de toxinas.

Una subluxación puede estar causada por estrés mecánico (cambio del centro de gravedad, aumento de peso, etc.), químico (cambios hormonales, medicamentos, ambiente, comida procesada, etc.) o emocional (temores, expectativas, estados de ánimo, etc.). Sea cual sea el origen de la subluxación, causará una interferencia en la transmisión de impulsos nerviosos que pueden afectar negativamente a la madre y al desarrollo del feto.

El doctor en quiropráctica, ajustando la columna vertebral de la embarazada, reduce las subluxaciones vertebrales o desplazamientos mínimos de las vértebras que alteran la función del nervio, permitiendo así que el organismo exprese la Inteligencia Innata para que la madre pueda continuar activa durante todo el embarazo.

Estos cuidados ayudan a controlar los vómitos, y alivian problemas tan comunes en el embarazo como ciáticas, pinzamientos, molestias en las ingles, calambres o dolores de cabeza, entre otros. Además, son una buena opción para la salud de la embarazada, pues no se utilizan medicamentos y las técnicas empleadas son seguras tanto para la madre como para el feto.

El quiropráctico controlará que la pelvis y las vértebras funcionen como una unidad y que estén adecuadamente equilibradas. «Una disfunción en cualquier lugar de la columna, pero especialmente en la pelvis y las lumbares, puede crear tensión en los ligamentos pélvicos y consecuentemente conducir a una mala posición del bebé. Esto impedirá que pueda colocarse en la posición deseada, con la cabeza hacia abajo, puede ocasionar problemas en el parto y es causa de cesáreas. Dado que el feto crece siete veces más rápido que un niño, permanecer en la misma posición, por poco tiempo que sea, le puede causar malformaciones y un desarrollo alterado. Por eso, si una embarazada a partir de los seis meses de gestación nota ausencia de movimientos fetales durante uno o dos días, debería visitar al quiropráctico de inmediato, quien, con ajustes específicos, podrá recolocar al bebé.»

Por otra parte, varias pacientes embarazadas que han recibido ajustes vertebrales antes y durante el embarazo explican que la quiropráctica ha contribuido a acortar el tiempo del parto y lo ha hecho menos doloroso y más tranquilo.

A medida que el niño crece y es más activo, su cuerpo en un solo día puede recibir más presión que muchos adultos en un año. Golpes, saltos, contusiones, caídas... constantemente someten a su espina dorsal, en estado de crecimiento, a posibles daños que a veces pueden resultar serios, aunque no se perciban de inmediato. Hay un gran número de problemas de salud en niños y adultos que se originan en los «comunes» accidentes de la niñez.

Si bien es necesaria la intervención de un quiropráctico después de un macrotrauma como puede ser el parto o cuando se caen de un lugar alto, como la cama de sus padres o del cambiador, en su primer año de vida (ocurre en un 47,5 % de los casos), los niños activos están permanentemente expuestos a microtraumas.

Por ello es importante examinar al niño al nacer, cuando aprende a sostener la cabeza recta, cuando aprende a sentarse, a gatear, a ponerse en pie y a caminar.

Por otra parte, «resfriados, sarpullidos, gripes, dolores asociados con el crecimiento, estreñimiento, enuresis y todas las demás enfermedades consideradas comunes en la infancia responden bien al cuidado quiropráctico cuando son consecuencia de irritaciones neurológicas», apuntan los doctores en quiropráctica Alain Chiappinelli y Patrick Chausson, del Centre Quiropràctic Català.

Los niños que están bajo atención quiropráctica regular se enferman menos veces y con menor intensidad.

En un estudio médico realizado en Suecia en el año 2000, el doctor en medicina checoslovaco Lewit afirma que bajo cuidados quiroprácticos se registró una mejoría en 37 niños que padecían amigdalitis recurrentes; y el doctor Gorman, oftalmólogo, dice que se restauró la pérdida del campo visual en 18 pacientes después de los ajustes.

En una ocasión, detectaron en mi hijo mucosidad en los oídos. El otorrino que lo trataba me dijo que era una infección que sólo se podía curar con un mes de antibióticos. Le comenté que mi hijo no tomaba antibióticos; sin embargo, insistió, por lo cual llamé a mi pediatra, doctora en medicina y homeópata, y me recomendó que se lo diera quince días como algo excepcional porque era necesario en ese caso.

Pese a todo, no le di el antibiótico y lo llevé al quiropráctico. Y en tres sesiones de ajustes la mucosidad desapareció. Volví al cabo del mes al otorrino para que le examinara el oído y estaba perfectamente. Me dijo: «¡Ves, se ha curado!». Por supuesto, no le comenté nada de que no le había dado antibiótico, aunque ahora me arrepiento de no haberlo hecho.

Un estudio realizado por un doctor en quiropráctica en un suburbio de Minneapolis, Estados Unidos, con 46 niños menores de 5 años que padecían infección de oídos concluyó que el cuidado quiropráctico, sumado a la limitación de la intervención médica (antibióticos, cirugía, etc.), elimina los síntomas de infección de oídos en los niños pequeños.

El objeto del estudio era determinar si los casos de otitis media mejoraban con la quiropráctica, cuántos ajustes eran necesarios y qué factores estaban relacionados con la mejora.

El doctor puso especial acento en ajustar las vértebras cervicales y occipitales usando la técnica sacro-occipital, ayudado por la kinesiología. Se les aplicó el cuidado usual, empezando por tres ajustes por semana, luego dos y luego uno. El cuidado terminó cuando los padres vieron que habían desaparecido la fiebre, todos los síntomas de la otitis media y que ya no había signos de dolor en la zona. En cifras, el 93 % de los casos mejoraron, el 75 % lo hizo en diez días o menos y el 43 % obtuvo la mejoría en sólo una o dos sesiones.

Los factores que ayudan a obtener la mejoría en casos de otitis media con pocas sesiones de cuidado quiropráctico son la corta edad del paciente, que no tenga un historial de uso de antibióticos, que se empiece el cuidado al inicio de la otitis y que se denomine el episodio como desarmonía, en lugar de infección.

Estudios recientes demuestran que los niños que reciben tratamiento quiropráctico tienen menos problemas emocionales y de aprendizaje, así como menos problemas neurológicos relativos a la infancia.

Las estadísticas indican que ocho millones de niños en edad escolar en Estados Unidos tienen problemas de aprendizaje que pueden ser originados por un mal funcionamiento del sistema nervioso. «Cuando los niños tienen problemas para aprender, su frustración afecta negativamente a su relación con todos los que les rodean —afirma el doctor en quiropráctica Terry A. Rondberg.

»A menudo, cuando un niño desarrolla un problema de autoestima es propenso a sufrir problemas emocionales y psicológicos que pueden continuar hasta la edad adulta.»

Ciertas anormalidades, como la escoliosis funcional (desviación lateral, curvatura o giro excesivo de la columna vertebral), que suelen corregirse con el cuidado quiropráctico, con demasiada frecuencia se descuidan en la infancia y la persona debe sufrirlas el resto de su vida. «El 80 % de las escoliosis no tiene una explicación concreta —explica el doctor en quiropráctica Arnaud Allard, especializado en la técnica sacro-occipital—. Pero lo cierto es que con la primera cervical movida se crece con escoliosis, y si se corrige pronto la subluxación también se corrige la escoliosis. A los

20 años los huesos están ya formados y entonces es difícil cambiar algo.»

En la mayoría de los casos se desconoce la causa de la escoliosis. Solamente entre un 10 y un 15 % de las escoliosis se deben a un tumor, una infección, parálisis cerebral, distrofia muscular, problemas de discos o deformaciones congénitas. Según el doctor en quiropráctica Terry A. Rondberg, «la escoliosis no es una condición terminal. Mucha gente puede llevar una vida perfectamente normal sin saber siquiera que la tiene. En raros casos, cuando la escoliosis es de más de 30 grados, puede producir problemas respiratorios o de corazón y se cree que las causas son de origen neurológico más que mecánico». Las últimas investigaciones indican que el 95 % de todos los pacientes con escoliosis pueden ser identificados por test neurológicos que indican que el problema se origina en el sistema nervioso.

La mejor respuesta a un problema de escoliosis es la quiropráctica, ya que corrige la interferencia nerviosa.

> *El cerebro de un chico sufre si se le priva de un medio estimulante. El cerebro y el sistema nervioso controlan y coordinan cada nivel de crecimiento y desarrollo, desde el nacimiento y durante toda la infancia. Una interferencia en este sistema nervioso debido a una subluxación vertebral afecta al crecimiento y desarrollo óptimos del niño.*
>
> STUART y THERESA WARNER,
> especialistas en pediatría quiropráctica

Si bien la profesión quiropráctica hace mucho hincapié en el equilibrio estructural y sostiene que los pequeños accidentes, en apariencia inocuos, son factores que hay que considerar al atender la salud de nuestros hijos, no descuida los factores emocionales, químicos o ambientales, que son causa de muchas disfunciones del sistema nervioso.

En la década 1970, dos estudios realizados por médicos en Texas confirmaron la tesis quiropráctica de que los ajustes de la columna vertebral pueden ayudar a los niños a remediar problemas emotivos, neurológicos y de comportamiento. La clase de problemas que obtuvieron solución fueron la hiperactividad, el asma, la ansiedad, un vigor mental bajo, problemas disciplinarios, la incapacidad de concentrarse y hasta unas bajas calificaciones y un coeficiente de inteligencia bajo.

«Cuando los niños son hiperactivos debido a problemas emocionales, el tratamiento médico a menudo incluye medicación, como por ejemplo Ritalin, que tiene graves efectos secundarios», afirma el doctor en quiropráctica Terry A. Rondberg. Asimismo, Rondberg explica que el director de los Servicios Psicoeducacionales y de Guía del Colegio Station en Texas detectó que, de diez mil niños hiperactivos que estuvieron en el colegio los diez años precedentes, los que mostraron una mayor mejoría fueron los que recibieron atención quiropráctica. Realizaron un estudio con veinticuatro estudiantes con problemas de aprendizaje, de los cuales doce recibían atención quiropráctica y el resto medicinas o ningún tratamiento. El estudio concluyó que la quiropráctica era entre un 20 y un 30 % más efectiva que los mejores y más conocidos medicamentos.

Según el doctor Rondberg, «dado que los niños con serios problemas parecen beneficiarse muy bien con la quiropráctica, se deduce entonces que también puede ayudar a un niño normal a ser superior a lo normal. Quizás se pueda aumentar su coeficiente intelectual o sus habilidades para la lectura».

> *Los quiroprácticos corrigen anomalías del intelecto*
> *como también anomalías del cuerpo.*
>
> D. D. PALMER

Un niño se puede subluxar por una caída en bicicleta, pero también por una situación de tensión emocional, como una pelea de los padres, un mal ambiente familiar o una frustración escolar. Si retenemos el dato de que el 95 % de las enfermedades son producidas por una emoción mal encajada, veremos qué importante es tener en cuenta el aspecto emocional en la salud de nuestros hijos.

La enfermedad es con frecuencia un grito contenido, un intento desesperado de llamar la atención cuando las vías del lenguaje humano, verdaderos canales de amor, se han obstruido. A lo mejor una gastritis es el llanto que en el lenguaje cotidiano hemos negado a nuestros ojos y a nuestras palabras, la enuresis es el «llanto inferior» del niño que no puede expresar sus emociones llorando, el dolor de riñones expresa un miedo contenido y se presenta cuando existen problemas de convivencia, el estreñimiento es una emoción retenida que cuesta liberar o el asma de un niño revela un ambiente familiar irrespirable.

Los doctores Thorwald Dethlefsen y Rüdiger Dahlke hablan claramente de la relación que se establece entre emoción y enfermedad en su libro *La enfermedad como camino*, una distinta y maravillosa interpretación de la medicina.

En ese libro se explica claramente cómo enfermedad y salud se sostienen sobre las dos únicas emociones que existen: el miedo y el amor. El odio es amor triste, el resentimiento es temor, la agresividad es temor.

«El amor no es un ente metafísico —asegura el médico Jorge Carvajal—, sino que transforma las células y la calidad de la naturaleza. La paz y el amor son terapéuticos. El afecto restaura la colectividad, repara las heridas, alinea las moléculas, y eso es físicamente cierto. Es una relación coherente, que nace desde dentro, y por eso es terapéutica. Cuando el hombre descubra el amor habrá descubierto por segunda vez el fuego.»

Hoy en día, los científicos ya han aportado pruebas físicas concluyentes que demuestran cómo opera la energía del amor incondicional para transformar el cuerpo y nuestra vida. «Pero en las próximas décadas —asegura el doctor en quiropráctica John F. Demartini— continuaremos expandiendo nuestro conocimiento y las pruebas sobre cómo funciona. Ahora ya hemos visto que el amor y la gratitud organizan las moléculas de agua y las biomoléculas dentro de las células para que sus enzimas y sus funciones sean más efectivas. Sabemos que el pulso cardíaco y la mente, el electrocardiograma y el electroencefalograma, se armonizan y entran en una fase de coherencia cuando tenemos gratitud y amor. También se ha demostrado que las células y el ADN dan luz, y en esa luminiscencia hay una mejor comunicación entre las otras células del cuerpo. Se ha demostrado que el poder de lo que nosotros queremos es máximo cuando estamos en un estado de gratitud y de amor. Somos más poderosos, más creativos y tenemos una dirección muy clara.»

El hombre y la mujer pueden escoger una vejez sabia o senil. Todo depende de su actitud frente a la vida.

Anónimo

TERCERA EDAD Y QUIROPRÁCTICA

Los problemas típicos de las personas de edad no son los mismos que los de los niños. Las personas mayores sufren problemas estructurales y malestares crónicos, como el proceso degenerativo de las articulaciones (artritis), dolor y rigidez (dos de las quejas más frecuentes), estreñimiento y trastornos circulatorios, todos ellos relacionados con el proceso de envejecimiento, debido a que los discos y los ligamentos de soporte pierden gran parte de su elasticidad y movilidad al envejecer.

Muchas de las dolencias de los mayores están relacionadas con la columna y las extremidades, explican los quiroprácticos.

«A medida que uno envejece, los músculos que ayudan a mantener el alineamiento normal de la columna comienzan a perder la tonicidad que necesitan para mantener el equilibrio. Cuando esto ocurre, las vértebras de la columna tienen mayor tendencia a deslizarse o a moverse en forma difícil de predecir y a afectar a los nervios raquídeos que inervan los órganos vitales del cuerpo», dice Sportelli.

El desplazamiento de las vértebras de la columna provoca subluxaciones que bloquean los nervios y desequilibran el organismo. De ese modo, aparecen o se acentúan problemas crónicos como la artritis, la osteoporosis o la diabetes. Se pierde flexibilidad y se agudizan los problemas digestivos, las varices o la depresión.

De ahí que la quiropráctica sea vital para las personas de edad avanzada, porque cuando un profesional elimina la interferencia nerviosa de un paciente, todos los sistemas de la persona se fortalecen y la curación puede tener lugar de forma natural.

Hay varios factores añadidos que pueden ayudar a vivir una vejez sana y plena e incluso a frenar el proceso de envejecimiento. Entre los principales se encuentran la dieta, el ejercicio, un pensamiento positivo, la actividad mental, la compañía y una menor ingesta de medicamentos.

La profesión quiropráctica siempre ha dedicado mucha atención a las personas mayores. La Geriatría es, junto con la Pediatría, una de las especialidades más importantes dentro del programa obligatorio de los futuros doctores en quiropráctica. Esta atención especial se debe a la convicción de que la felicidad de la gente de edad depende en gran parte de su salud física y de su actitud mental. En definitiva, de su calidad de vida.

El proceso de envejecimiento es algo que debemos revisar en nuestra sociedad. Se hace necesaria una actitud constructiva hacia las personas mayores, ya que no podemos permitirnos desperdiciar los valiosos conocimientos y experiencias adquiridos durante años, simplemente porque estas personas tengan leves problemas de salud.

Además, hoy en día las personas viven más tiempo que antes, más activamente y en mejores condiciones. Deepak Chopra, en su libro *Curación cuántica*, dice que «un preciso estudio de la salud sobre la gente mayor ha revelado que el 80 % de los norteamericanos sanos no sufre una pérdida de memoria significativa a medida que envejecen. La capacidad de retener nueva información puede declinar, pero la capacidad de recordar eventos pasados, llamada memoria a largo plazo, mejora».

Las prejubilaciones pueden arruinar, y de hecho lo hacen en la mayoría de los casos, la vida de una familia, especialmente si la persona que se queda sin trabajo, a los 50 o 55 años, ha dedicado toda su vida y su energía a la empresa en la que trabajaba.

Aunque el tema económico pueda no ser el mayor inconveniente en esos casos, de pronto la mujer se encuentra con un marido, relativamente joven, que no sabe qué hacer en casa. Esta nueva situación añade más depresión a una sociedad que necesita urgentemente replantear su sistema de valores, pero el cambio debe empezar primero por uno mismo, y dentro de las familias. Debemos empezar a crear nuestras propias prioridades de vida y de salud, repartir el tiempo de trabajo, de ocio y de dedicación a la familia y a los amigos, y muy especialmente a nosotros mismos. Hace falta un cambio de conciencia que nos lleve a valorar las prioridades en cada momento de nuestra vida, relativizar la importancia del trabajo y empezar por descubrir qué es lo que realmente nos enriquece como personas. ¡Y quizá sea el trabajo profesional lo que nos enriquezca!, pero realizado con amor, como impulso de vida y servicio a la sociedad.

El trabajo que verdaderamente amamos es aquel que realizaríamos sin cobrar; por otra parte, es saludable pensar que nunca nos jubilaremos de la vida, que siempre podemos y debemos estar activos porque, en última instancia, seremos útiles a nosotros mismos. Es la diferencia entre ser sabios o seniles, ya que los que se abandonan a la etiqueta preconcebida de lo que es la vejez se convierten en viejos, y los que invierten en cambiar sus opiniones y en aprender de sí mismos en la nueva situación empiezan a ver aflorar la sabiduría en sus rostros.

Según afirmaba el doctor en quiropráctica Ted Koren en un seminario en Barcelona (1999), «cada día mueren 100.000 células nerviosas, pero pueden crecer nuevas células en el cerebro de un adulto. La gente envejece porque ve envejecer a los demás; por eso, la convivencia de adultos con niños es tan positiva».

«Los científicos gerontólogos que estudian el envejecimiento creen que la vida debería continuar hasta los 100 o 120 años y se sorprenden al ver que sólo unos pocos lo logran —dice el doctor Rondberg—. Algunos centenarios han bebido y fumado toda su vida, mientras que otros nunca han probado el alcohol ni el tabaco; unos han comido carne y otros son vegetarianos, unos han pasado una vida fácil mientras que otros han atravesado penosas dificultades. Nadie sabe cuál es el ingrediente mágico de la longevidad.

»Los estudios han demostrado que las probabilidades de longevidad aumentan cuando las personas siguen una dieta vegetariana baja en grasas y colesterol y se mantienen física y mentalmente activas.» También se ha demostrado en experimentos con ratas de laboratorio que «las ratas viejas que estaban en contacto con las jóvenes desarrollaban incluso nuevas conexiones nerviosas», como afirma el quiropráctico Ted Koren. Sin duda, los factores físicos, emocionales y mentales positivos, la compañía, las relaciones saludables son factores determinantes para retrasar el proceso de envejecimiento, pero quizás ese ingrediente mágico de la longevidad radique en el Espíritu. ¿Cuánta gente de edad avanzada plenamente feliz y vital dice sentirse joven? El espíritu no envejece. Es algo inexplicable y sin duda diferente para cada uno de nosotros, es la capacidad de enamorarnos cada día de la vida, de estar atentos a sus señales.

Por muy enfermos que nos sintamos, algo puede cambiar diariamente otro algo dentro de nosotros: un sentimiento, una emoción, una puesta de sol, lo que refleja de nosotros una persona cualquiera. Cada día es importante para crecer interiormente, por más edad que creamos tener.

Hay que restaurar la fe y la confianza en la vida con sistemas de salud, como la quiropráctica, que refuercen nuestro potencial físico, emocional, mental y espiritual, que nos lleven a descubrir caminos propios de salud y nos hagan dueños de nuestra existencia, que no traten enfermedades, sino que cuiden de las personas. Ahí apartaremos los miedos, la soledad y la dependencia que nos torna vulnerables a los deseos de los demás.

Un precioso cuento explica la historia de un indio joven que fue malherido en una batalla. Le faltaba una pierna y se sentía morir. Quiso entonces regresar a su tribu para despedirse de su gente. Cuando le vieron llegar tan malherido, los sabios de la tribu le preguntaron por qué estaba allí. Respondió que venía a despedirse porque se iba a morir y quería pasar sus últimos días en la tribu; entonces los sabios le cogieron y le echaron al río diciendo que un hombre sin Espíritu no merecía vivir. Al verse en el agua, el indio joven sacó su fuerza y empezó a nadar. Había recuperado su Espíritu y con ello la vida.

Uno de los mayores problemas de nuestra sociedad, especialmente de la gente mayor, es la adicción a los fármacos.

El doctor en medicina Robert S. Mendelson, un detractor de la profesión médica con teorías muy controvertidas en las décadas de 1970 y 1980 pero cada vez más aceptadas hoy en día, decía a los norteamericanos que «eran las víctimas de excesos químicos y quirúrgicos». Propuso una vida con menos fármacos, una curación más natural y un estilo de vida más sano.

La profesión quiropráctica insiste al sostener que los medicamentos no deben ser la primera respuesta a los problemas físicos ni, por supuesto, a los problemas psíquicos, emocionales o de índole interna o espiritual.

Los fármacos deberían utilizarse como último recurso cuando todos los métodos naturales fracasan. «Mi recomendación: la quiropráctica primero, los medicamentos en segundo lugar y la cirugía en último lugar», afirma el doctor Rondberg.

Sin embargo, la gente mayor, más que otros grupos, está feliz al tomar medicación para aliviar sus dolores o molestias.

Pensar que la salud viene de fuera es una creencia cultural arraigada en nuestra sociedad, y algunos médicos ceden muchas veces sin necesidad ante un paciente de edad avanzada que reclama una receta.

Afortunadamente, ya muchos profesionales de la medicina están limitando los medicamentos a sus pacientes cuando realmente éstos no los necesitan.

Las doctoras en medicina Sidney M. Wolfe y Rose-Ellen Hope, del Grupo de Investigación de la Salud Pública de Estados Unidos, exponen los graves excesos de medicación que sufren las personas mayores en su libro *Worst pills, best pills II*. Afirman que entre un 40 y un 50 % de la medicación se usa demasiado y está mal indicada, especialmente los tranquilizantes (pastillas para dormir y fármacos que alteran la mente), los medicamentos cardiovasculares y los gastrointestinales. De lo que más se abusa es de los medicamentos para el corazón, la presión sanguínea alta y las enfermedades vasculares.

El cuadro de la página siguiente muestra la utilización de medicamentos que hacen las personas mayores en Estados Unidos, las cuales representan una sexta parte (16,7 %) de la población, según las doctoras Sidney M. Wolfe y Rose-Ellen.

Es un hecho que las personas de edad sufren exceso de medicación y que el riesgo a una mala reacción es un 33 % más alto entre personas comprendidas entre los 50 y los 55 años que en las de

- Un 33,3 % de todos los tranquilizantes.
- Un 50 % de todas las pastillas para dormir.
- Un 33,3 % de todos los antidepresivos.
- Un 65 % de todos los medicamentos para la presión sanguínea alta.
- Un 84 % de todos los medicamentos para dilatar los vasos sanguíneos.
- Un 43 % de todos los medicamentos para tratar problemas gastrointestinales.
- Un 20 % de todos los medicamentos para tratar resfriados, la tos, las alergias y el asma.
- Un 33 % de todos los fármacos para la artritis.

40 años o menos. La Food and Drug Administration norteamericana (FDA; Administración de Alimentos y Medicamentos) informó de que la mayoría de las muertes causadas por medicamentos recetados ocurrieron en personas de más de 60 años. La FDA concluye en un estudio que de 425 fármacos que se toman comúnmente entre los pacientes mayores, sólo 212 incluyen dosis geriátricas e información sobre las contraindicaciones correctas.

Entre 1976 y 1985 la Food and Drug Administration eliminó del mercado la mitad de las recetas aprobadas por ser nocivas. Por otra parte, un estudio publicado en revistas médico-científicas asegura que en Estados Unidos mueren 160.000 personas al año por recibir una medicación inadecuada. Eso equivale, más o menos, a que cayeran dos aviones Jumbo con todo su pasaje cada dos días.

Según expone el quiropráctico Terry A. Rondberg en el libro *Chiropractic First*, «las estadísticas realizadas en Estados Unidos muestran que hay 42,3 millones de personas mayores de 60 años, de las cuales 9,6 millones experimentan reacciones adversas a los medicamentos recetados cada año. Estas reacciones incluyen desde accidentes de coche, hasta caídas inducidas por los medicamentos, pérdidas de memoria, mal de Parkinson, úlceras y muertes por sobredosis de medicinas para el corazón y las anestesias». El doctor Koren afirma que «los fármacos para la presión sanguínea son drogas duras».

Según un estudio realizado por la Organización Mundial de la Salud (OMS) sobre las reacciones adversas a los fármacos, el 88 % de las personas tuvo como mínimo un problema con un medicamento recetado, el 22 % tuvo una condición de vida de riesgo causada por la medicación, el 59 % recibió medicamentos ineficaces o contraindicados, el 28 % una dosis incorrecta, el 48 % tomó fármacos que producían serios efectos al interactuar con otras sustancias químicas y a otro 20 % se le recetaron fármacos que tenían el mismo efecto que los que ya estaban tomando.

La quiropráctica es una profesión sanitaria que no receta fármacos a sus pacientes, pero tampoco se dedica a condenarlos. Simplemente advierte, en cada caso, cómo pueden incidir sobre la salud de sus pacientes y, a menudo, puede incluso aliviar o paliar los efectos causados por los medicamentos. Un paciente puede acudir a un quiropráctico independientemente del médico al que vaya o de la medicación que esté tomando.

No obstante, la experiencia muestra que, cuando uno va a un doctor en quiropráctica, cada vez necesita acudir menos a un médico o usar la cirugía, por lo cual cumple una función preventiva de vital importancia que debería ser considerada en cualquier sistema sanitario de un país.

Los estudios demuestran que la quiropráctica mejora notablemente la calidad de vida y la salud en los pacientes de edad y reduce la necesidad de tomar medicamentos.

Un estudio realizado por la Rand Corporation en 1996 en un geriátrico norteamericano con pacientes mayores de 75 años incluye un detallado análisis de los datos obtenidos durante tres años.

Dicho estudio revela que los pacientes que recibieron cuidados quiroprácticos, por lo menos durante tres años, vieron disminuidos sus síntomas, obtuvieron una mejor calidad de vida, mejoraron sus enfermedades crónicas, tuvieron que administrarles menos medicamentos y pasaron menos días hospitalizados que aquellos pacientes que no recibieron cuidados quiroprácticos.

Otra investigación realizada en el año 2000 en pacientes de 65 años o más que estuvieron bajo cuidado quiropráctico por lo menos durante cinco años concluyó que, cuanto más largo es el período de cuidado quiropráctico, menos necesario se hace el uso de medicamentos.

Los pacientes de este estudio, además, vieron reducidas a la mitad (de promedio) sus visitas al médico.

Otros estudios demuestran la relación que existe entre la duración del cuidado quiropráctico y la calidad de vida. Es el caso del estudio piloto realizado en 1999, y que evaluaba los cambios en la calidad de vida de pacientes que recibían ajustes espinales. Los resultados determinaron que, cuanto más largo es el período de cuidado quiropráctico, más alto es el nivel de salud y calidad de vida.

Igualmente, otra investigación realizada en 1997 con 2.818 pacientes cuidados con la técnica Network demostró que su salud y bienestar mejoraron cuanto más tiempo se sometieron a la atención quiropráctica.

Por otra parte, todos los ciudadanos deberíamos estar bien informados en las consultas sobre cómo pueden influir en nuestro organismo los diferentes medicamentos o tratamientos que se nos prescriben o poder conocer si existen otras alternativas de salud que pudieran servir en nuestro caso.

De hecho, todas las prácticas sanitarias pueden convivir y deberían complementarse, porque cada una de ellas —la medicina, la cirugía, la sanación o la quiropráctica— tiene la voluntad de servir para la mejora y felicidad de las personas. El hombre es una unidad polifacética de fuerzas y energías en las que el trasplante oportuno de un órgano puede ser lo más importante en un momento dado, mientras que en otra circunstancia un sutil ajuste vertebral o una palabra de aliento pueden ser la terapia más adecuada para el mismo paciente.

No hay que cerrar las puertas a ninguna opción, pero, por encima de todo, es importante dar la oportunidad al paciente de escoger con toda la información en su mano, pues así se forja la libertad para todos.

EL TEMPLO DE LA SALUD

Los doctores en quiropráctica ofrecen consejo e información sobre cuatro principios que consideran básicos para el buen funcionamiento del organismo y que son complementarios con el cuidado del sistema nervioso. Estos pilares de la salud son: una alimentación natural, el ejercicio, el descanso y el cultivo de una mente y espíritu positivos.

El templo de la salud
Gracias a Sheila Hanchard

> *Que el alimento sea tu medicina y la medicina tu alimento.*
>
> HIPÓCRATES

SOMOS LO QUE COMEMOS

La cocina es un pequeño laboratorio donde se forma la calidad de la sangre de toda la familia. Según esa calidad, más ácida o más alcalina, podremos pensar, actuar y sentirnos más agresivos, más depresivos o más felices, pues no hay que olvidar que somos lo que comemos, o quizá también comemos lo que somos.

Cada alimento tiene una personalidad, energía y efectos únicos; por eso, una dieta basada en alimentos extremos como el alcohol, el café, el té, las frutas y frutos secos tropicales, los productos lácteos blandos o el azúcar, los helados o el chocolate, nos afecta de muy diversas formas: desde cambios de humor y emociones extremas hasta cansancio, sangre ácida, deficiencia del sistema inmunológico, depresión, etc.

Estos alimentos vibran muy rápido o, lo que es lo mismo, enseguida notas su efecto sobre el cuerpo, enfrían y expanden la energía y, por lo tanto, crean la necesidad de consumir alimentos también extremos y nada recomendables, como aves, carne, quesos secos y salados, huevos o sal, entre otros.

Todos ellos son productos de mucha concentración, que producen tensión y acumulación de energía en nuestro cuerpo.

Sus efectos no se notan enseguida, pero con el tiempo pueden crear bloqueos importantes, dando origen a numerosas enfermedades y siendo la causa de muchos tumores.

Para obtener una vida saludable y con armonía, la cocina natural recomienda basarnos en alimentos moderados: cereales integrales, leguminosas, proteína vegetal, verduras, semillas, frutos secos, fruta y endulzantes naturales.

También es de vital importancia, para los tiempos que corren, tomar algas marinas, ya que contienen yodo y minerales que contrarrestan la radiactividad y la contaminación porque sólo crecen en lugares donde el mar no está contaminado.

Por regla general, hay que tomar los alimentos frescos de la estación y del país donde se vive e ir introduciendo cambios en nuestra alimentación poco a poco y de manera consciente.

No hay ningún alimento tóxico si no se toma en exceso, de ahí que la variedad en la alimentación sea de suma importancia.

Aunque la dieta expuesta anteriormente sería la ideal, no hay que funcionar como robots; lo mejor será escuchar a nuestro cuerpo y saber qué nos pide. Quizá después de una cena copiosa, a la mañana siguiente, tan sólo nos apetezca tomar un zumo de frutas que limpiará los excesos, en lugar de la habitual tostada, que nos resecará más, incluso emocionalmente. Quizás un día nos apetezca tomar un café, y aunque no sea lo más recomendable para el sistema nervioso, nos puede activar en un momento de gran esfuerzo o de mucho cansancio. Lo importante es ser conscientes de que necesitamos ese café para estar más activos, ya que a veces es peor para nuestro bienestar general reprimir la necesidad de tomar un alimento que el alimento en sí. Pero también es importante que seamos capaces de no incorporarlo habitualmente en nuestra alimentación. Existen muchas dietas y ninguna de ellas es la ideal porque no hay dietas universales que sirvan igual para todos. Por muy estudiadas que estén, quizá no se adapten a las necesidades personales en un día concreto, en un país determinado, en una época del año o a una situación determinada a la que nos enfrentemos.

Deberíamos hacer un esfuerzo por tomar conciencia de nuestras necesidades y aprender a alimentarnos según la edad, el sexo, la actividad o los puntos débiles de nuestro organismo. En ese aprendizaje nos puede ayudar un médico, un quiropráctico, un nutricionista o seguir unos cursos de cocina energética y natural, siempre escuchando con atención lo que pide nuestro cuerpo. Si una persona realiza un trabajo sedentario necesitará más carbohidratos y minerales (cereales integrales, algas marinas, etc.) para regenerar el sistema nervioso y tener más concentración. En cambio, un trabajo más enérgico necesita más proteína, preferiblemente de origen vegetal (tofu, tempeh, seitán, leguminosas, etc.) y también pescado. Para una persona creativa, por ejemplo un artista, comer mucha carne le puede afectar a la creatividad, por lo que debe orientar su alimentación hacia el reino vegetal.

El producto animal genera una energía muy práctica que sentará mejor a un hombre de negocios que necesita estar muy activo. Debemos estudiar la constitución de cada persona y el lugar donde vive, además del trabajo que realiza, para saber cuál es el mejor alimento.

No puede comer lo mismo un hombre bajo, compacto y muy práctico que realiza esfuerzos físicos en su trabajo y que vive en un lugar cálido, que uno que sea delgado, músico o artista, y que viva en un país frío. Aunque no podamos cambiar nuestra constitución, lo que sí podemos es modificar nuestra condición (cómo nos sentimos cada día), según lo que comemos a diario.

Los doctores en quiropráctica saben que la calidad de nuestra alimentación es directamente proporcional a la calidad de nuestra salud y de nuestra vida. Por ello, la mayoría de ellos hablan de este aspecto en sus consultas, de acuerdo con el principio hipocrático: «Que el alimento sea tu medicina y la medicina tu alimento».

Aunque no todos los quiroprácticos puedan estar de acuerdo en algunos de los puntos que propone la alimentación energética y natural, la gran mayoría apuesta por una dieta natural a base de frutas, verduras y cereales, ya que han visto en sus consultas cómo una comida o un alimento inadecuados han sido la causa de una subluxación.

Ante la pregunta de cómo influye la alimentación en los pensamientos, la salud física y emocional y, en definitiva, en la luz de las células, el doctor en quiropráctica John F. Demartini explica: «Se considera que las frutas y verduras frescas que han estado al sol tienen las moléculas, los átomos y los electrones en un estado más elevado, como de excitación. Cuando las comemos podemos extraer no sólo los bionutrientes, sino también esa química, que convertimos no sólo en energía para el cuerpo, sino también en luz. Los estados de gratitud y de amor son como nutrientes para nosotros, ya que activan y crean el mismo efecto. Lo que comemos, lo que pensamos y una respiración y estado emocional equilibrados son muy positivos para nuestra luz».

No hay que olvidar que, en quiropráctica, la palabra subluxación (por «debajo de la luz») equivale a un estado de falta de luz en el organismo o, lo que es lo mismo, de falta de organización y, por lo tanto, de falta de salud.

La sociedad camina hacia una excesiva medicalización que nos hace extremadamente dependientes de curaciones externas.

En ese contexto, la alimentación es un buen aliado para equilibrarnos día a día.

«La medicina tradicional no ha explorado todavía la energía de los alimentos y sería importante redescubrirlo de nuevo —opina Montse Bradford, profesora de cocina energética y natural, sanadora cualificada por el College of Healing y la National Federation of Spiritual Healers de Londres y diplomada en psicología transpersonal y terapia emocional, que desde hace más de veinte años imparte cursos de cocina natural y energética por toda Europa—. Me di cuenta de que la comida nos puede ayudar a cambiar no sólo nuestro cuerpo físico, sino también nuestra vida. Si nos alimentamos bien estamos más tranquilos. Según lo que comamos vamos a generar diferentes energías que propiciarán diferentes estados psíquicos, emocionales y físicos. Todo en la naturaleza tiene su propia energía y fuerza vital, y la cocina energética (que estudia el carácter y personalidad de los alimentos y su combinación) ayuda a equilibrarnos como individuos únicos según las necesidades energéticas de cada momento.»

Además de una buena alimentación a partir de legumbres, verduras, algas, cereales integrales de buena calidad y frutas, se concede una gran importancia al consumo de agua. Casi todos los sistemas del organismo necesitan agua para funcionar correctamente: la piel, los pulmones, los riñones, el intestino delgado...

Los quiroprácticos recomiendan beber entre 2 y 3 l diarios, sin esperar a tener sed, a pequeños sorbos, para que el organismo la pueda absorber, ya que muchas enfermedades renales se deben precisamente a la falta de agua.

Además, como perdemos 1 l de agua cada noche, una persona adulta debería tomar por lo menos de seis a ocho vasos de agua diariamente, pero no es recomendable tomar más en casos de ciertas enfermedades relacionadas con los riñones o la vejiga. Ahí entra la intuición de la persona, que dictará qué es lo que necesita su cuerpo.

Por otra parte, y aunque el tema de la alimentación no sea algo de lo que se hable día a día en las consultas, los quiroprácticos desaconsejan comer carne, principalmente la roja, ya que un exceso de proteína animal causa muchos bloqueos en el organismo, sobre todo para un estilo de vida sedentario.

En el proceso de eliminación de sustancias superfluas que el cuerpo no puede usar, si dichas sustancias se retienen demasiado tiempo en el organismo, entran en estado de descomposición y putrefacción, por lo que es vital que se eliminen con prontitud y regularidad. ¡La carne tarda setenta y dos horas en ser digerida por nuestro organismo!, por lo que genera muchas toxinas. El agua, el ejercicio y los alimentos apropiados son muy importantes para la correcta evacuación intestinal, que debe realizarse, a ser posible, todos los días a la misma hora.

Cada vez son más los médicos y profesionales de la salud que afirman que la carne no es más nutritiva que los cereales y que el hombre ya no necesita una alimentación carnívora para vivir.

Montse Bradford explica algunos de los efectos que produce el consumo de carnes en el organismo humano: «Nuestro organismo gasta mucha energía y minerales para metabolizar la proteína animal, crea una condición muy ácida en la sangre, genera pérdidas importantes de flora intestinal, causa un estado ligero de toxemia, las grasas saturadas que contienen casi todas las carnes se convierten en colesterol y la preservación de los alimentos cárnicos requiere añadir muchas sustancias químicas. Esto, sin contar los efectos que pueden tener en el organismo humano unas reses alimentadas con productos de síntesis y hormonas. A nivel emocional, deberíamos tener en cuenta el terror que ha padecido el animal al ser matado. Ese terror y otras emociones negativas también nos afectan al ingerir su carne, a otros niveles más sutiles».

En cuanto al nivel de evolución espiritual de la persona, grandes maestros espirituales, pensadores y sabios de la historia de la humanidad y relevantes hombres de ciencia, músicos y escritores apostaron por la dieta vegetariana porque consideraban que el consumo de animales, ya sea carne o pescado, frena este avance, ya que la carne densifica no sólo el cuerpo, sino también el espíritu. Veían en la dieta vegetariana una forma de respeto por la vida y una manera de llegar a la paz. El mismo Albert Einstein afirmó: «Yo soy un ferviente seguidor del Vegetarianismo por principio. Más que nada por razones morales y estéticas, yo creo firmemente que un orden de vida vegetariana, ya simplemente por los efectos físicos, influirá sobre el temperamento del hombre de una manera tal que mejorará en mucho el destino de la humanidad».

Otro de los tópicos y fuente de debate y discusión entre la comunidad médica occidental es la necesidad de tomar leche.

Los doctores en quiropráctica no aconsejan los lácteos ni sus derivados, origen de cantidad de mucosidades y grasas superficiales.

En todo caso, mejor de cabra que de vacuno: «El 90 % de la población tiene serios problemas para metabolizar lácteos. Sólo los países nórdicos han llegado a poder con ellos», afirma el doctor en quiropráctica Tobías Goncharoff.

La leche de vaca es muy difícil de asimilar por el sistema digestivo del hombre. «Con frecuencia —asegura Montse Bradford— produce perturbaciones porque se digiere parcialmente, sobrecargando el hígado y provocando irritación en los tejidos y en la piel, en un intento del organismo para eliminarla.»

Este tipo de leche contiene tres veces más calcio y proteínas (para un crecimiento veloz) que la leche humana, el triple de sodio, cinco veces más cantidad de fósforo, además de diferentes clases de azúcares, pero sólo la mitad de los carbohidratos necesarios para el desarrollo del sistema nervioso.

«Es importante observar —apunta Bradford— que países como China, Corea o Japón, entre otros, no tienen costumbre de introducir lácteos en su dieta. Si bien es cierto que no son tan altos, su sistema nervioso es más sano.

»La única leche fundamental para el hombre es la materna durante el primer año de vida, ya que hacia los 3 o 4 años desaparece la enzima encargada de asimilar las proteínas de la leche y nuestro organismo ya no la necesita.»

El mensaje, pues, que nos envía la naturaleza es que, siendo adultos, ya no necesitamos tomar leche. Ningún otro mamífero, excepto el hombre, consume leche después del destete.

Según opina Montse Bradford, «tomamos tantos lácteos porque constituyen una barrera emocional frente al mundo».

En los desayunos podemos tomar leche de arroz, de avena, de cereales, de almendra (sin azúcar). Y para el calcio podemos encontrar muchos alimentos que aportan al organismo la cantidad necesaria para su óptimo desarrollo. Bradford sugiere la coliflor, el nabo, la lechuga, las hojas verdes (brécol, berros, col verde, etc.), los frutos secos, las semillas de sésamo y en especial todas las algas marinas, ya que su contenido en calcio es incluso muy superior al de la leche de vaca.

Otro de los problemas fundamentales de las sociedades de la abundancia es el exceso de peso. Una correcta alimentación, como la dieta mediterránea, es vital para evitar el sobrepeso, que puede ser la causa de un desequilibrio de la columna vertebral y empeorar enfermedades del corazón, la hipertensión, los trastornos circulatorios o la diabetes, entre otros malestares que aumentan día a día en nuestra sociedad. Muchos pediatras en España están alarmados por el aumento de la diabetes en los niños y adolescentes, especialmente de tipo 2,[3] debido a la obesidad y el sobrepeso, que según datos oficiales es de las más altas de Europa, sobre todo entre niños de 6 a 12 años. El 13,9 % de los jóvenes españoles de entre 12 y 24 años son obesos y el 26,3 % tiene sobrepeso. La diabetes es ya un problema global, pues alcanza alrededor de 200 millones de personas en todo el mundo y se prevé que en el 2025 el

---

3. Casi un 90 % de personas padece el tipo 2 de la enfermedad, según la Sociedad Europea de Diabetes.

número de afectados por la diabetes tipo 2 alcanzará casi los 300 millones.

La diabetes se ha disparado, principalmente, por el incremento de consumo de azúcares y alimentos refinados, como el pan blanco, que se han convertido en un componente habitual de nuestra dieta diaria.

Eso sin contar con las chucherías y alimentos prefabricados con exceso de grasas y azúcares. Los niños gorditos serán obesos de adultos en la mayoría de los casos.

En general, la obesidad se debe al exceso de comida o a hábitos de alimentación incorrectos, más que a problemas de origen orgánico.

Una dieta con alto contenido en grasas, azúcares, colesterol y cereales refinados es uno de los factores más importantes en la alta incidencia de enfermedades cardiovasculares, la obesidad, el cáncer, la diabetes y muchas otras dolencias que sufre la gente hoy en día.

La alimentación de los niños y adolescentes debería estar basada en mucha verdura y en todos los alimentos naturales mencionados más arriba para un adulto.

A diferencia de los mayores, un niño o un joven necesita tomar mucha más proteína hasta los 22 años porque se están solidificando las paredes de su casa, su estructura.

Esos tabiques corporales construidos por las proteínas pueden obtenerlos de los frutos secos y de las proteínas vegetales (legumbres, tofu, tempe, seitán, almendras, avellanas, etc.) en sustitución de la carne.

Los humanos comemos mucho y mal. Deberíamos atender más y mejor a nuestra naturaleza y aprender a alimentarnos con conciencia, escuchando las necesidades de nuestro cuerpo y huyendo de dietas rápidas para adelgazar y de dietas prefabricadas por otros, que a nosotros no nos sirven.

Debemos empezar a sentir lo que necesita nuestro cuerpo día a día con decisión y entrega, porque él constituye nuestro templo de salud, y cambiar cantidad por calidad y, sobre todo, realizar las modificaciones en la alimentación poco a poco, con plena conciencia de lo que nos aportan, ya que los cambios rápidos no duran.

HAY QUE MOVERSE

El ejercicio es básico para la salud, porque permite que se oxigenen los tejidos y las células y elimina las toxinas del organismo. También es necesario para la buena digestión y el buen funcionamiento intestinal, mantiene los músculos en buenas condiciones y favorece una mejor circulación, especialmente la del corazón. Cuando un músculo no se usa durante diez días, pierde un tercio de su potencia. Moverse también ayuda a calmar los nervios, aliviando con ello la tensión nerviosa, que causa espasmos musculares.

A nivel emocional y psíquico, el ejercicio es fundamental para la relajación, para aumentar los niveles de autoestima y fomentar valores personales y sociales como la solidaridad y el trabajo en equipo en los niños y jóvenes.

En las personas mayores, el ejercicio aporta, además, un rejuvenecimiento a nivel físico, emocional y mental. Con el mayor flujo sanguíneo también aumenta el metabolismo en el sistema hormonal, se regulan las hormonas (neuropéptidos, enquefalinas, endorfinas), lo que proporciona un estado de bienestar, elimina toxinas y regenera los tejidos dañados.

Hacer ejercicio no significa pasarse tres horas en el gimnasio ni realizar cualquier deporte hasta extenuarse.

Caminar es un buen ejercicio, por ejemplo. También lo son las tareas de la casa y las diversas formas de trabajo.

Según los doctores en quiropráctica, los deportes más beneficiosos son la natación, la caminata, la bicicleta, el esquí de fondo y el patinaje, así como el yoga.

Aunque hay algunos deportes especialmente desaconsejables para la columna vertebral como el esquí, el culturismo o el parapente, lo más importante es mover el cuerpo y hacer deporte con gusto y no como una obligación.

«Es mejor practicar un deporte no indicado para la columna, pero disfrutarlo, que practicar uno obligatoriamente aunque sea técnicamente perfecto para nosotros. Hay que hacer las cosas con gusto», opina el doctor en quiropráctica Tobías Goncharoff, quien explica que «cuanto más activo se es, más excesos se pueden permitir en otros órdenes de la vida, como en la alimentación, por ejemplo. Los tumores aparecen principalmente por llevar una vida sedentaria y por intoxicación química».

Un doctor en quiropráctica puede sugerir algunos ejercicios específicos que pueden ser fundamentales para fortalecer los músculos de la columna y evitar que se repitan fácilmente las subluxaciones.

La actividad física también favorece la eficacia de los ajustes.

Si el ejercicio es bueno para la salud, también la quiropráctica beneficia al deporte.

«Se ha demostrado que la quiropráctica aumenta el rendimiento de los atletas de élite», según afirma el doctor en quiropráctica Aaron Burt, que en 1999 cuidaba del equipo de ciclismo profesional Festina. «Cada vuelta ciclista a España —prosigue—, los ciclistas del equipo profesional de Festina me llaman porque gracias a la quiropráctica se encuentran mejor, aumenta su rendimiento y el equipo obtiene mejores resultados.»

El doctor Burt señala que el rendimiento de los ciclistas ha aumentado un 20 % desde que él se ocupa del equipo, ya que «la quiropráctica es una herramienta fundamental para maximizar el rendimiento y mantener la función del sistema nervioso en perfecto estado».

Recientes investigaciones realizadas en San Diego demuestran efectivamente que en el deporte en general también la quiropráctica aumenta hasta un 20 % el rendimiento de los atletas.

Cualquier persona que alcance un nivel en el que estar despierto no sea diferente a estar dormido, debería proteger esa conquista. Nuestra capacidad de hacer eso depende de nuestra profundidad.

HUAI-CHIN NANS

SOÑAR NUESTRA VIDA

Dormir es esencial para regenerar nuestro organismo; por eso, hay que descansar bien y dormir hasta que estemos reparados y con la suficiente energía para volver a empezar un nuevo día. Normalmente se recomiendan entre seis y nueve horas, pero no existe una regla fija, por eso hay que escuchar al cuerpo y darle lo que necesite.

Para dormir correctamente lo mejor es hacerlo boca arriba con una almohada pequeña o de lado con una ancha, pero nunca boca abajo, porque se realiza una torsión inadecuada para la columna vertebral.

Según explica el doctor Tobías Goncharoff, al dormir regeneramos los tejidos dañados, estimulamos el sistema inmunológico y aumentamos el riego sanguíneo. «Las hormonas producidas durante el día son las que corresponden al sistema autónomo simpático. Son las hormonas conocidas con el término *fight-flight*, luchar o morir: cortisol, una hormona básica del sistema simpático, sustancia P (refleja dolor), endorfinas, enquefalinas (hormona del estrés), cuyo rol es la supervivencia del organismo. Si el sistema simpático sigue siendo el dominante, eso provoca un exceso de catabolisis o proceso de combustión y destrucción de tejidos, o de lo que haga falta para seguir vivo. Es imprescindible que se estimule el sistema parasimpático y sus procesos anabólicos/vegetativos, que reconstruyen y reparan hormonas del sistema nervioso límbico o emocional: acetilcolina, hormona básica del sistema parasimpático y hormona del crecimiento, interferon (defensas; regula la actividad de las células T), interleuken (hormona producida por las células del sistema inmunológico que está involucrada en el proceso inflamatorio causado por traumas, lesiones y un sistema inmunológico activado. Sirve para la defensa de los neuropéptidos o moléculas que funcionan como transmisores del sistema nervioso y sirven de comunicación entre la piel, el sistema inmune y el sistema nervioso) o la seratonina, hormona de vital importancia para la salud mental, cuya deficiencia o exceso tiene que ver con el estrés excesivo, la depresión, la ansiedad, el Parkinson o la enfermedad de Alzheimer.

»Los fármacos como el Prozac sirven, precisamente, para modificar el nivel de seratonina. La predominancia del sistema nervioso simpático (cuando no dormimos) es el componente biológico del estrés. Si no dormimos lo suficiente, no dejamos que el sistema autónomo parasimpático contrarreste los efectos del estrés, ni regenere los tejidos dañados, ni produzca las hormonas del bienestar.»

Está claro que dormir es necesario, pero no es menos importante conseguir una buena calidad de sueño.

El descanso empieza por olvidarse de lo mundano y prepararse para un sueño realmente reparador. Es importante saber dormir y saber despertar bien. Y es imprescindible tener buenos sueños, aquellos que nos conectan con nuestra alma y nos hacen crecer, porque en la desconexión entre el cuerpo y el alma habita la enfermedad.

Es muy probable que una pesadilla pueda provocarnos una subluxación vertebral debido al estrés emocional o psíquico que podemos experimentar durante la misma.

Asimismo, una «mala noche» puede conseguir desequilibrarnos durante el día por el cansancio no reparado en el sueño; por eso, dormir bien puede evitarnos una subluxación.

Al prepararnos para dormir, debemos relajarnos mental y emocionalmente descartando los pensamientos que pasan por el cerebro para transformarlos en algo mejor. Si en el proceso de relajación percibimos que las preocupaciones del día aún nos acompañan, podemos utilizar el recurso de recapitular a la inversa las vivencias de la jornada, pero de una forma calmada e imparcial, para no promover nuevas asociaciones con hechos ya vividos. De ese modo la crónica del día se desarrolla en el cerebro como episodios de una película y acaba liberándose.

«Si no liberamos el mecanismo cerebral de esos recuerdos que tienen el poder de excitarnos durante la noche se producirán los sueños cerebrales, que no tienen ningún valor», afirma Trigueirinho, autor de libros sobre ciencia y espiritualidad.

Del mismo modo, si no relajamos nuestro cuerpo emocional antes de dormir, todas las emociones, sentimientos, impresiones y sensaciones experimentadas durante el día crearán una historia (debido a la capacidad de dramatizar del cuerpo emocional) que el cerebro registra y presenta como si fuera un sueño auténtico.

Según el maestro Trigueirinho, «la relajación del cuerpo físico, el trabajo del cerebro de recapitular a la inversa los acontecimientos del día, el deseo del cuerpo emocional de tener una noche tranquila e instructiva y la voluntad del cuerpo mental de no sufrir interferencias son algunos pasos que nos preparan para el sueño».

Hay una técnica directa que sirve no sólo para recordar lo que ocurrió durante la noche, sino también para atravesar más rápidamente los niveles intermedios y llegar a los sueños verdaderos del alma. Consiste en un cuidado especial de ese momento límite en el que no estamos ni despiertos ni dormidos, en el que vamos perdiendo la conciencia y entramos en lo onírico.

Hay personas que leen antes de dormir. También de la calidad de ese libro depende la calidad del trabajo onírico. «En ese momento, el último pensamiento consciente debe ser positivo y estar imbuido de la voluntad de ir a un nivel interno superior: un pensamiento que sea la afirmación de un mundo espiritual. Este procedimiento —afirma Trigueirinho en su libro *También vivimos mientras soñamos*— sirve para el momento en el que vamos a desencarnar, sólo que con una repercusión mayor: el último pensamiento determina una serie de condiciones para la vida futura.»

Del mismo modo debemos despertar correctamente. Hay un instante de percepción muy breve en el que percibimos que estamos despertando y en el que recapitulamos lo que aconteció durante la noche. En ese momento debemos cuidar especialmente de que no entren preocupaciones o el programa para el nuevo día. Según Trigueirinho, «debemos permanecer inmóviles, sin pensamientos, porque al mover el cuerpo físico es como si apagásemos toda la memoria de lo que soñamos. Si algún sueño necesita venir a la memoria lo hará en ese momento». Igualmente, si necesitamos despertar a alguien, hagámoslo del modo más suave posible, sin brusquedades.

Recordar nuestros sueños nos hace más conscientes de nuestra vida. Aunque no podamos reconocerlos, los sueños emiten boletines nocturnos acerca de nuestra salud.

La investigación médica ha demostrado que lo que soñamos afecta al cuerpo y a las emociones.

Los sueños advierten sobre posibles riesgos de enfermedad, física, psíquica o espiritual; diagnostican problemas físicos incipientes, ayudan a curar el cuerpo e indican cuándo éste regresa a un estado de salud.

La vida durante los sueños es más importante de lo que pensamos a primera vista. «Los sueños nos dan la oportunidad de liberar formas de pensar, maneras de sentir, movimientos retenidos o reprimidos que están debajo del nivel de la conciencia —afirma Trigueirinho, y prosigue—: Los sueños no sólo desbloquean, sino que equilibran nuestra vida consciente y nos contactan con niveles más elevados del Ser, con la Superconciencia, desde donde pueden venir orientaciones precisas. Ellos son capaces de revelar que no existe separación entre los individuos, ni entre los individuos y el universo.»

Lo irreal y lo real se confunden y complementan. Quizá ni tan siquiera soñemos nosotros, sino que estemos siendo soñados. Quizá, como decía Platón, seamos un reflejo en la Tierra de nuestro verdadero Ser, mayor y universal. Tal vez C. G. Jung tenga razón cuando apunta que «quien mira hacia afuera sueña; quien mira hacia adentro despierta».

Pasamos aproximadamente un tercio de nuestro tiempo durmiendo. Quizá podamos aprovecharlo para vivir nuestros sueños y soñar nuestra vida. Y descansar mejor.

LLEVAR LA MENTE AL SENTIMIENTO

B. J. Palmer decía que hay tres cosas que causan las subluxaciones vertebrales: los traumas, las toxinas y los pensamientos. Estos últimos engloban la autosugestión, la negatividad y las emociones reprimidas.

Aquí hablaremos del poder del pensamiento.

El ser humano tiene dos grandes y maravillosos poderes: el pensamiento y el sentimiento.

El pensamiento se aloja en la frente, el sentimiento en el corazón, y ambos son utilizados diariamente de manera consciente e inconsciente. El primero es un poder creativo y el segundo es la fuerza interior que dirige al pensamiento para que éste se manifieste en los diversos planos de la existencia humana.

En la medida en que pensamos positivamente y nuestros sentimientos son armoniosos, estamos creando, mientras que si nuestros pensamientos son negativos, estamos destruyendo. Sin embargo, ambas cosas, positivas y negativas, son parte del proceso creador de nuestra vida. Pensar bien y sentir amor cuando pensamos es la clave para una vida sana y feliz.

El timo, esa glándula que se aloja en el centro cardíaco, es el comando de nuestro sistema inmunológico. Hay que llevar la mente al sentimiento, pensar desde la mente, pero con el corazón.

El doctor en quiropráctica John F. Demartini matiza esa frase que se ha puesto de moda hoy en día de que «hay que pensar en positivo».

«No se trata de pensar en positivo. Necesitamos un pensamiento equilibrado —afirma Demartini—. Todos los acontecimientos tienen los dos lados, positivo y negativo. Viéndolo de ese modo transformamos el caos en orden. Pero como muchas personas viven en mitos, comparan su realidad con un mito de lo que ellos querrían que fuera, entonces esto les lleva a la depresión. Como están deprimidos, entonces necesitan un pensamiento positivo para poder conseguir el equilibrio. En cambio, si una persona viviera en completa fantasía necesitaría un pensamiento negativo para poder equilibrarse. El caos es una perspectiva desequilibrada. Cuando exageramos o minimizamos nuestro entorno y vemos muchas más cosas negativas que positivas o muchas más cosas positivas que negativas, entonces estamos en un caos. Son realzamientos o resentimientos que nos controlan. Cuando equilibramos nuestras percepciones, entonces estos realces y resentimientos se calman y empezamos a ver el equilibrio de nuestra situación.

»William James, el padre de la psicología moderna, dijo que el mayor descubrimiento de su generación es que los seres humanos pueden alterar sus vidas al percibir sus percepciones y sus estados mentales. Yo añado algo más a esta doctrina: no sólo se puede alterar la mente, sino que las percepciones y las actitudes deben estar en perfecto equilibrio, porque sólo así transformamos el veneno del caos en lo bueno del orden. Entonces logramos una certeza en nuestra mente y una curación para el cuerpo.»

Cada día un ser humano emite aproximadamente de promedio 65.000 pensamientos, de los cuales el 95 % son recurrentes de días anteriores y tan sólo el 5 % son pensamientos nuevos.

¿Podremos crear así mejores posibilidades de vida?, se pregunta Ricardo Ocampo, miembro del Grupo de Acción Planetaria (GAP) en un artículo titulado «Ecología de la mente».

Si al levantarnos estamos pensando en el pasado deseando volver a vivir «lo bueno» y a la vez estamos esperando que se nos cumplan una serie de aspectos en el futuro, perdemos de vista el presente, que es lo que realmente vivimos. Al pensar mucho en el pasado quedamos atrapados en los hechos vividos, y si pensamos en el futuro caemos en la fantasía de algo que aún no hemos vivido. «Pasado y futuro son dos grandes eternidades que nunca vivimos, sólo recordamos los presentes ya vividos y los presentes que viviremos. Pensar positivamente, con certeza y alegría es crear en nuestra vida y nuestro entorno realidades maravillosas que nos ayudan a evolucionar rápido y mejor, en armonía», asegura Ocampo.

Si viéramos con nuestros ojos físicos la vibración horrible que lanzamos sobre los demás con malos pensamientos o cuando criticamos o juzgamos, se nos pondrían los pelos de punta. Es como echar un cubo de basura sobre el otro. «Cuando pensamos negativamente contaminamos nuestro propio ser y el medio ambiente, ya que el pensamiento es vibración, es energía y se manifiesta en color, sonido, aroma y forma. Todo pensamiento —afirma Ocampo— que sale de nuestra mente va y contamina allí donde el sentimiento lo dirige y definitivamente volverá a nosotros incrementado por las vibraciones densas de la misma condición que se han atraído entre sí en el camino de vuelta.» Es como un boomerang.

Los pensamientos, ideas, imágenes y sentimientos se almacenan en nuestro cuerpo etérico, de tal manera que nos vemos influidos permanentemente por la vibración de ese cuerpo.

Por lo tanto, de la calidad de nuestros pensamientos dependerá la calidad de nuestra vida y de nuestra salud.

«Nos preguntamos por qué cada día hay más violencia, más pobreza y más enfermos del cuerpo y del alma. La respuesta es sencilla. Si de los 6.000 millones de habitantes de la Tierra (pongamos que un 10 %, siendo muy optimistas, piensa positivamente)

5.400 millones piensan de forma negativa, desordenada e irracional, esos 5.400 millones crean más contaminación mental y destrucción que todas las fábricas juntas del planeta», asegura Ocampo. El estado mental equilibrado y alegre es fundamental para una vida sana.

Según Carlos Iribarren, del departamento de investigaciones de Oakland (California), cuanto más positiva es una persona, menos cantidad de calcio acumula en sus arterias.

«En la consulta de un quiropráctico, donde se busca alcanzar el bienestar cuerpo/mente/espíritu, no sólo se tratan los traumas y las toxinas, sino también el pensamiento», afirma la doctora en quiropráctica Lisa M. Connors, instructora pediátrica en la Universidad norteamericana de Bridgeport.

Cuando B. J. Palmer se refiere a los pensamientos como causantes de subluxaciones en la columna vertebral está hablando de los pensamientos negativos, la autosugestión y las emociones reprimidas.

Existen estudios que demuestran que los niños que reprimen pensamientos y sentimientos liberan un exceso de endorfinas (calmantes naturales). Según la doctora Connors, «este incremento es el modo natural del cuerpo de proteger al niño de las experiencias negativas. Sin embargo, también aumentan los niveles de azúcar en la sangre. Los sentimientos reprimidos también disminuyen las células del sistema inmunológico y esos chicos tienen tendencia a padecer alergias, asma, artritis reumatoide, diabetes y cáncer».

Es un hecho científico que nuestros sistemas endocrino, nervioso e inmunológico están interconectados, al igual que todos los demás sistemas; por lo tanto, para tener bienestar es necesario que los mensajes vayan y vengan entre los órganos, las células y el ADN. «Nuestros pensamientos y sentimientos son parte del mecanismo de activar y desactivar esas vías de comunicación. ¿Podemos asumir entonces que al trabajar sobre el sistema nervioso la quiropráctica afecta a otros sistemas? —pregunta la doctora Connors.

»La ciencia ha descubierto que ciertas sustancias químicas llamadas neuropéptidos actúan como mensajeros entre la mente y el cuerpo, ya que distribuyen la información por todo el organismo y son los portadores químicos de los pensamientos y emociones.

PARA TENER UNA BUENA SALUD ES FUNDAMENTAL:

1. *Tener un sistema nervioso sano*: seguir con el cuidado quiropráctico y el programa de ajustes recomendado para obtener plena salud y bienestar. No hay que confundir alivio con curación. Sin un sistema nervioso sano no puedes adaptarte a los cambios de tu entorno.
2. *Tener un estado mental equilibrado y alegre*: es fundamental. Existen moléculas de la felicidad llamadas neuropéptidos. Si nuestros sistemas receptores se encuentran rodeados de esas moléculas, los virus se alejan. El pesimismo provoca un desequilibrio mental y un aumento de la acidez del organismo. Es conveniente practicar alguna técnica de relajación de la mente. En todo momento debemos ser parte de la solución y no del problema y trabajar para algo mayor que nos trascienda.
3. *Seguir una dieta mediterránea integral y biológica*: una alimentación sana pasa por seguir el modelo mediterráneo, con alimentos integrales biológicos, sin carne roja ni ningún tipo de lácteo ni de precocinados. Beber mucha agua sin esperar a tener sed, entre 2 y 3 l diarios, a pequeños sorbos. Muchas enfermedades se deben precisamente a la falta de agua. La dieta debe tener un 80 % de verduras, frutas, legumbres y cereales.
4. *Descansar adecuadamente*: dormir es esencial para regenerar nuestro organismo. Se debe dormir bien con una postura equilibrada entre seis y nueve horas, pero no hay una norma fija. Debemos escuchar a nuestro cuerpo y dormir hasta que estemos descansados.
5. *Hacer ejercicio físico*: es imprescindible para oxigenar los tejidos y las células y eliminar las toxinas del organismo. El deporte más aconsejado por los quiroprácticos es la natación. Luego, caminar, ir en bicicleta, el patinaje y el esquí de fondo se encuentran entre los más beneficiosos. Es importante practicar un deporte que guste y que anime, aunque a veces pueda no ser el más indicado para la columna.

»Esta red de receptores neuropéptidos se encuentra distribuida por todo nuestro cuerpo, incluyendo el cerebro, la espina dorsal, el tracto gastrointestinal y los órganos y células del sistema inmunológico. Algunos informes indican que estos sustratos bioquímicos de pensamiento/emoción están directamente relacionados con la respuesta inmunológica. Si están emocionalmente "trabados" por pensamientos/emociones reprimidos, este estado psicobiológico bloquea el flujo de péptidos.

»Cuando ajustamos la columna vertebral o el cráneo ¿se está afectando a la red de receptores neuropéptidos de la mente/cuerpo?»

La doctora en quiropráctica Lisa M. Connors responde con un caso que muestra cómo los pensamientos y sentimientos influyen en la salud: «Dos hermanos con significativas subluxaciones cervicales y dorsales me comentaron que les dolía el estómago, incluso de noche. Les pregunté por separado si algo les preocupaba. Dijeron que una noche habían oído discutir a sus padres. Aunque sus padres ya no discutían, ellos seguían con dolores de estómago por las noches. Después de examinarles le dije a su madre que sus hijos estaban estresados por los pensamientos y sentimientos. Como su cuerpo y su mente están interconectados, se produjeron subluxaciones y síntomas de dolor de estómago y fatiga. Al comienzo sus cuerpos respondieron apropiadamente a los dolores de estómago. Pero los síntomas continuaron, aunque las disputas ya habían cesado. Se corrigieron las subluxaciones vertebrales para restablecer la comunicación del cuerpo. Sin embargo, era responsabilidad de los padres hablar con los niños sobre cómo se sentían con respecto a la discusión».

¿CUÁNDO ACUDIR? ¿CUÁNDO IRSE?

Una de las preguntas que formula todo paciente que lleva algunas sesiones acudiendo a un doctor en quiropráctica y ya se siente bien es: ¿cuándo me darás el alta?, ¿hasta cuándo tendré que seguir ajustándome la columna para conseguir la plena salud?

El fundador de la quiropráctica B. J. Palmer respondía con otra pregunta: ¿hasta cuándo estás dispuesto a mantener un buen cuidado de ti mismo?

La plena salud en realidad no existe. La salud es un proceso en constante movimiento hacia adelante y hacia atrás, de flujo y reflujo, como la vida o las olas del mar. Oscila entre períodos álgidos y bajos, de más o menos resistencia inmunológica. En medio de ese mar, calmado unas veces y agitado otras, se van ensartando las experiencias de la vida, los sentimientos, las emociones, los cuidados físicos o psíquicos que nos llevan a mantener el rumbo o a perderlo. Y uno debe estar siempre al frente del timón.

Cuidar de uno mismo es no dejar el timón de nuestra vida a merced de las olas, a merced de las circunstancias externas. Cuidar de uno mismo es aprender a sujetar el timón fuerte y seguro, aunque todo parezca tambalearse a nuestro alrededor. Pero, también, es no oponer resistencia a ese mar embravecido, navegando entre un sutil equilibrio de certeza, dirección y dulzura de movimientos.

Me comentaba un marinero que ha vivido varios ciclones en el mar, que, cuando esas montañas de agua, que te quitan el aliento y te hacen llorar de espanto como un niño, se vienen encima, lo mejor es plegar velas, echarse a dormir en el camarote y esperar a que pase la tormenta sin resistirse ni luchar. «El barco siempre flota», aseguraba. Quizá, la mejor manera de llevar el timón ante circunstancias adversas sea confiar en la vida e ir hacia nuestro interior, no para dormir, sino para despertar.

La flexibilidad y el propósito (para qué hacemos algo) requieren un entrenamiento, un cuidado constante para que nuestro cuerpo, mente y espíritu vayan grabando en sus células aquella información que nos hable de salud en lugar de enfermedad.

Según explica la ciencia quiropráctica, cada siete años tenemos un cuerpo nuevo, se produce una completa regeneración de las células, y es el sistema nervioso el que controla esa regeneración corporal. Si no hay interferencias (subluxaciones) en ese sistema de control, el sistema nervioso, el cuerpo se regenerará con buena información, y se va a regenerar sano.

El problema es que la mayoría de las veces no reconocemos si tenemos una subluxación o no: «Es difícil reconocerla porque los nervios que reflejan sensaciones como el dolor, una vibración, la temperatura o el hormigueo componen sólo aproximadamente el 10 % del sistema nervioso. Los demás nervios, cuando están dañados, no dan sensaciones perceptibles.

»La disfunción del sistema nervioso puede ser, por lo tanto, muy sutil y gradual», afirma el doctor en quiropráctica Tobías Goncharoff. ¿Cuál es el indicador que nos puede dar la señal de alarma de que estamos subluxados para saber cuándo acudir a un doctor en quiropráctica?

Las primeras señales de subluxación vertebral son la sensación de fatiga o agotamiento, ya que cuando se desalinea la columna todo el esqueleto queda sin equilibrio y nos desarmoniza. Otra señal sería el dolor, evidentemente. La mayoría de los pacientes acude al quiropráctico por dolor de espalda, porque es ampliamente conocido que el 85 % de los problemas cervicales tiene solución con la quiropráctica, pero el dolor muchas veces no se hace muy explícito hasta bien entrada la enfermedad.

Los quiroprácticos recomiendan que no se espere a tener dolor porque un chequeo de la columna puede prevenir muchos trastornos de salud.

Es usual que una persona consulte a un doctor en quiropráctica después de haber pasado semanas tolerando un dolor, tratando de curarse con medicamentos u otros remedios. Estos pacientes acuden al quiropráctico como último recurso.

Hay que tener presente que, aunque la quiropráctica realmente pueda «curar» los síntomas, su función más efectiva es la prevención de enfermedades.

Los cuidados quiroprácticos han evitado muchas intervenciones quirúrgicas teóricamente inaplazables, como hernias de hiato, prostatitis, problemas de la vista o úlceras intestinales.

El doctor salvadoreño Juan G. Campos afirmó en una conferencia en Barcelona que «todos los quiroprácticos que no tienen un principio fuerte están ajustando sólo para el dolor de espalda. Me enfurece que lleguemos a convertirnos en los "doctorcitos para el dolor de espalda", porque esa percepción de nosotros va a ser nuestro enemigo por muchos años», advirtió.

Así como no se debería acudir al doctor en quiropráctica como último recurso, tampoco debe hacerse en caso de urgencia médica, ya que estos profesionales no se encargan de los traumas resultantes de accidentes o de los aspectos que conciernen principalmente a las salas de primeros auxilios o a las unidades de urgencias.

Si uno se hace un corte, padece un derrame, se ha fracturado un hueso o ha sufrido un ataque al corazón, lo mejor es que vaya rápidamente a urgencias y, cuando haya salido ya de la crisis, acuda al quiropráctico para poder encontrar la causa de la enfermedad y continuar su búsqueda de la plena salud y de la calidad de vida.

Lo que es muy importante es cuidar especialmente de la columna cervical o cuello y de la región lumbar.

Todos sufrimos de vez en cuando malestares, dolores y rigidez en la nuca que se deben usualmente a haber mantenido la cabeza en posiciones incómodas, como cuando dormimos sentados en una silla o en el sofá. Pero cuando estos malestares reinciden o las molestias duran más de veinticuatro horas, entonces habría que acudir a un quiropráctico.

El dolor persistente en la nuca es síntoma de que algo anda mal y puede ser una manifestación de las etapas iniciales de degeneración de una articulación o de un disco.

Por otra parte, el dolor en la región lumbar es un problema universal y representa el 40 % de todas las bajas laborales en España.

La mayoría de las mujeres sufren en esa zona como consecuencia del parto, pero también suele presentarse dolor en la espalda o en la pierna cuando estas articulaciones intervertebrales han sufrido múltiples traumatismos causados por un exceso de actividades atléticas, por causas hereditarias, por debilidad de la musculatura abdominal y por el proceso de envejecimiento.

Todos ellos son factores que producen subluxacions vertebrales, pero son evitables con el cuidado quiropráctico preventivo.

La artrosis o degeneración es la consecuencia de la subluxación, y no la causa del malestar.

El tiempo que uno, en realidad, tardará en «curarse» depende de muchos factores importantes, tales como el estilo de vida, el peso, la edad, la duración de la dolencia, los hábitos, la ocupación, los genes, la actitud ante la vida, la forma de pensar y el compromiso con su salud. No se puede esperar que el quiropráctico deshaga años de molestias en unas pocas visitas.

Además, como ya se ha comentado en estas páginas, una cosa es curarse de una dolencia y otra muy diferente es sanar completamente. Cuando uno se cura de algo puede reaparecer otra desarmonía en otro lugar, mientras que cuando uno sana, realmente consigue vivir un estado de armonía y de paz. Entonces, más que preguntarnos ¿cuánto tardaré en curarme?, mejor es formular la pregunta de otro modo, buscando la causa del problema: ¿por qué caí enfermo?, ¿cómo se originó mi enfermedad?, ¿qué emociones están relacionadas con ella, qué sentimientos, qué pensamientos, etc.?, ¿cuál es mi actitud ante la vida y mis relaciones con los demás?, ¿es posible que mi dolencia haya empezado a desarrollarse hace mucho tiempo por mi forma de vida?

Las enfermedades, en realidad, son bloqueos largamente instalados en el cuerpo, patrones de información erróneos sobre cómo hemos de vivir o de relacionarnos, sobre qué es la vida y la muerte, la salud o la enfermedad, nuestro origen y nuestro destino, sobre el odio o el amor. Patrones enquistados y viejos que cabe ir borrando de nuestro disco duro para sustituirlos por información fresca, nueva y vital.

Sanar es cambiar. Con la interrogación profunda de uno mismo aparecen con frecuencia las llaves del enigma y entonces es más fácil abrir puertas, pero este proceso de transformación es, a menudo, doloroso a nivel físico, mental, emocional y también espiritualmente.

Hay que trabajar internamente sobre uno mismo para no dejarse llevar por la enfermedad y el dolor, con la confianza total de que lo natural es estar sano porque vinimos a este mundo sanos, para ser felices. En todo caso, si llega el dolor, deberíamos vivirlo dignamente intentando descubrir qué nos dice de nosotros mismos (hábitos, modos de vida tóxicos, etc.), con la fe de que todo está en su lugar y de que la sanación acontece de una forma espontánea y natural.

EL SENTIDO DEL DOLOR

En nuestra cultura, la comodidad y la ausencia de síntomas son las sensaciones más valoradas. Uno de los mitos de nuestra sociedad, según el doctor en quiropráctica Donald Epstein, en la actualidad uno de los grandes maestros de la quiropráctica, es que «la curación será agradable».

Cuando experimentamos un síntoma lo calificamos como malo, nos sentimos atacados por él y, de ese modo, impedimos escuchar su mensaje. «Cuando nos duele la espalda —dice Epstein—, ¿nos paramos a pensar en su significado, valoramos el dolor por lo que nos enseña sobre nosotros mismos? Más bien solemos matar al mensajero (la espalda), e ignoramos la señal (el dolor). Si el dolor nos obliga a modificar nuestra vida y cambiar las rutinas diarias, consultamos a un médico para matar al mensajero y para no tener que hacer caso del mensaje. Después, ponemos un nombre latino o griego a nuestro síntoma para indicar que es un fenómeno externo y que somos víctimas de él. Ahora, nuestra enfermedad es la causa de nuestros problemas y no la consecuencia de nuestros hábitos, nuestro estado emocional o nuestro estilo de vida tóxico.» El doctor Epstein propone un cambio de mentalidad con una afirmación para el dolor: «Quiero y respeto mi cuerpo, aunque no estoy disfrutando de mi experiencia actual. Cuando aparecen el dolor o los síntomas, les hago caso y los acepto sin prejuicios. Los mensajes que expresa mi cuerpo llegan en el momento perfecto para mi curación. Escucho los mensajes y ritmos de mi cuerpo y atiendo a sus necesidades con compasión».

El dolor es la primera causa de todas las consultas médicas.

En nuestra sociedad occidental generalmente sólo vamos al médico cuando nos duele algo.

«Pero, a pesar de los grandes avances para comprender el dolor y de los enormes esfuerzos dedicados en la clínica para darle un nombre y un apellido, son, en comparación, pocos los logros obtenidos en su tratamiento. Menor aún ha sido el avance en la interpretación del dolor como un lenguaje», asegura el médico bioenergético Jorge Carvajal.

El dolor revela el punto flaco de una persona, y no siempre su causa es física, sino también emocional, mental o espiritual.

El mito de que cada enfermedad tiene una causa fija es producto, según el maestro quiropráctico Donald Epstein, «de una alucinación cultural que tiene sus raíces en el siglo XVII, cuando Descartes pronunció que la ciencia se limitaba a lo objetivo, lo material y lo medible. La materia subjetiva, espiritual e inmedible pertenecía al campo de la religión. Con los descubrimientos de la física cuántica y sus impactos sobre la conciencia de la comunidad científica se están poniendo a prueba las ideas cartesianas y proponiendo nuevos modelos de salud y de fisiología humanas».

Efectivamente, una emoción reprimida puede expresarse como dolor en cualquier parte del organismo y, según sostiene el médico bioenergético Jorge Carvajal, el dolor es producto de una programación anterior y de un proceso de aprendizaje.

«Muchas veces los dolores se hacen más insoportables por la noche o los fines de semana, cuando la gente se siente sola o desprotegida. Es particularmente interesante observar cómo los miembros de algunas familias sufren el mismo tipo de dolor. Con más frecuencia de la que pensamos, este dolor ha sido aprendido y enseñado. También aprendemos el dolor.»

Si el dolor se aprende, podemos reprogramar nuestra forma de relacionarnos con él. Mantener la fisiología en el más alto nivel posible es una medida preventiva que la quiropráctica utiliza para evitar la aparición de la enfermedad y el dolor.

En ese proceso de consecución de la salud no siempre nos sentimos mejor. Después de un ajuste quiropráctico, un paciente puede experimentar dolores en cualquier parte del cuerpo que pueden desaparecer tal como han llegado, o bien permanecer durante un tiempo.

Muchos pacientes dejan entonces de acudir al quiropráctico porque se sienten «peor». Ahí se engañan, porque cuando uno parece sentirse peor es porque realmente está funcionando el proceso de la curación.

Como decía B. J. Palmer, la curación va de dentro hacia afuera y de arriba hacia abajo. La salud vuelve en ciclos.

La enfermedad, desarmonía o malestar se expresan con el dolor, y realmente sólo cuando el dolor habla, lo podemos reconocer y finalmente lo aceptamos, entonces conseguimos liberarnos del problema. Pero contrariamente a lo que se cree, no sanamos simplemente por entender cuál fue el problema o la causa de nuestro malestar.

Según opina el doctor en quiropráctica Donald Epstein, en su libro *Healing Myths, Healing Magic*, éste es otro de tantos mitos: «Mientras estamos en la crisis de una enfermedad no podemos entender su significado. No podemos resolver un problema con la misma conciencia que lo ha provocado. La solución sólo puede ocurrir cuando nos movemos fuera del contexto de la situación que nos preocupa. Mientras nos curamos, podemos distanciarnos de la situación y conseguir una nueva perspectiva. Entonces, podemos expandir nuestro conocimiento para entender qué nos pasó».

El dolor es un amigo porque nos dice la verdad. Pero en nuestra sociedad continuamente estamos matando a ese mensajero. Tememos más al dolor que a la muerte, y toda la industria farmacéutica se basa en ese miedo para intentar evitar el sufrimiento.

Tratar de paliar el sufrimiento realmente es muy humano, pero nos ha llevado hasta el punto de no poder sentir ni reconocer quiénes somos.

La morfina puede evitar cierto sufrimiento corporal, pero quizás acelere otro tipo de malestar más profundo que la medicina no llega a tener en cuenta, ya que las drogas «confunden la mente, invalidan el paso de la energía vital sanadora e impiden desplegar el espíritu», según B. J. Palmer.

El dolor es una señal, y una señal no se trata con analgésicos, porque éstos impiden sentir la sanación: «No podemos curar lo que no podemos sentir —afirma Epstein—. La curación no siempre significa que nos sentimos mejor. Si creemos ese mito nos limitamos a ese objetivo. La curación requiere sentir sensaciones que a nuestra personalidad no le gusta sentir. Otra forma de entender la curación sería sentir lo que sea necesario para curarse y celebrar la curación que ocurre en un ciclo continuo de placer, dolor, comodidad e incomodidad prestando atención a nuestros sentimientos».

En el intento de evitar el dolor (cambio o crisis) gastamos más energía que si lo afrontáramos. El doctor Epstein asegura que estar enfermo requiere más trabajo que estar sano: «La típica persona corriente malgasta toda su energía intentando evitar los cambios, pero se requiere más energía para resistirse a los cambios que para asimilarlos. Cuando intentamos resistirnos a los cambios en nuestra vida, nuestro cuerpo se pone rígido e inflexible. Esto pasa cuando nuestra mente intenta dominar a nuestra innata sabiduría interna. Nuestra fisiología se adapta a los cambios naturalmente, renovándose y reorganizándose espontáneamente, pero este proceso puede ser muy incómodo para nuestra personalidad».

Realmente es nuestra personalidad la que no quiere sentir, la que rechaza el dolor, pero el dolor tiene muchos lenguajes, no sólo el físico. Su origen no es solamente mecánico.

La medicina sabe de pacientes con extremidades amputadas que siguen presentando dolor en esos miembros fantasmas. También se han visto dolores terribles que no desaparecían con la destrucción de los nervios que llevan las señales dolorosas hasta el sistema nervioso central.

El cerebro, en muchos casos, guarda el dolor y lo mantiene, aunque ya no exista la situación que lo originó.

Frente a esto, el médico bioenergético Jorge Carvajal se pregunta con gran estupor en su libro *Un arte de curar*: «¿Por qué alguien necesita mantener su dolor? Es un interrogante que aún me planteo. Más importante que dónde duele es a quién le duele. ¿Qué dolores se expresan a través de un dolor? En la dinámica de la vida, el dolor nunca es el dolor de una parte del organismo; es el dolor de todo el hombre».

Quizá necesitamos mantener el dolor para sentirnos vivos, importantes para los demás, atendidos; tal vez el dolor y la enfermedad sean formas de manipulación para conseguir afectos y atenciones, como los niños que se «inventan» dolencias para conseguir el amor de sus padres.

Con ello no quiero decir que los dolores no sean reales, pero sí que los queremos hacer más presentes, y llega un punto en que ya no los podemos controlar.

El dolor del hombre puede que se origine en la falta de amor hacia uno mismo y hacia la vida, en la falta de fidelidad hacia lo que uno siente.

Aunque la plena salud sea un objetivo inalcanzable, lo cierto es que buscándola sanamos, por eso el objetivo no es evitar el dolor, sino seguir fieles a nuestro propósito de salud.

La curación es el camino realizado con nuestros propios pasos, sintiéndonos responsables de cada uno de ellos, aunque alguno sea dado con dolor.

Pero ése ya será otro dolor. Es el dolor del que camina, del que sabe que está andando, y aunque muchas veces no sepa adónde va, tiene en cambio la fuerza del propósito de llegar.

Ese dolor consciente no se parece en nada a aquel sufrimiento (dolor con apego) inhumano, estático e impotente del que avanza por un pedregal lleno de hierros punzantes recubiertos de algodón, que le harán sentirse víctima de la vida, de Dios y del destino.

El dolor consciente asume su responsabilidad y no convierte en víctima a quien lo padece.

Cuando el maestro Jesús le dice a Lázaro: «Levántate y anda», le está diciendo: «Coge la responsabilidad de tu vida y de tu curación».

El doctor en quiropráctica Donald Epstein cuenta el caso de una señora que estaba en el hospital sufriendo de cardiopatía congestiva y hepatitis crónica, a punto de morirse. Se enteró de que su nieta preferida estaba enferma y la necesitaba. Se levantó de la cama y fue a cuidar de su nieta. Murió tres años después, cuando sintió que ya no era necesaria para su nieta.

Como asegura Epstein, «hay que entender que aunque la curación es un proceso, es a la vez instantánea. En el momento en que elegimos un hábito que aporta salud, nuestra curación se pone en marcha».

En realidad la curación es un cambio de conciencia, un cambio de posición ante la vida.

Algunos quiroprácticos como Epstein aseguran que es el cambio de nuestra fisiología lo que estimula el cambio de conciencia. «Nuevas ideas no logran cambiar nuestra conciencia, sino que la nueva conciencia es el producto de un mejor estado fisiológico y de la integridad del cuerpo y la mente. Cuando estamos lo suficientemente sanos para hacer cambios, no oponemos resistencia a las ideas y prácticas que aportan una vida más sana.»

La literatura médica está repleta de casos clínicos en los que las personas se han curado milagrosamente de enfermedades sin cura como el sida, el cáncer y las enfermedades autoinmunes: «Lo que tienen en común muchos de los casos —asegura Epstein— es que las personas enfermas experimentan un cambio de perspectiva y de prioridades en su vida, encontrando un nuevo sentido y dirección. En muchos casos la persona enferma murió pero murió sana. Entendía mejor su relación con sus seres queridos y ha podido resolver malentendidos y despedirse con amor y paz. La curación nos dirige a volvernos sanos y enteros, pero no siempre nos dirige a la finalidad deseada. Cuando nos enfrentamos a síntomas o enfermedades que no podemos superar, la curación significa que hemos entendido este hecho y que elegimos estar bien».

Este extremo es difícil de aceptar en nuestra sociedad por la propagación de un mito clave en la cultura occidental: la curación como finalidad, según expone Donald Epstein: «Estamos empeñados en buscar soluciones rápidas para salir de nuestro dolor cuanto antes, a costa de no entender ni aprender el significado que tiene para nuestro cuerpo-mente y nuestra vida. Hay que entender que la curación es un proceso y no un fin. Nuestra curación tiene que incluir nuestra totalidad y requiere que estemos bien conscientes y despiertos durante el viaje. Cuando entendemos que, como la vida, la curación es un proceso, estamos libres de las obligaciones para conseguir ciertas metas en X tiempo. Cuando nos libramos de las expectativas a corto plazo, podemos disfrutar del viaje y entender que existen valles y montañas en el camino hacia la curación».

Segunda parte

LA QUIROPRÁCTICA, UN ARTE

Capítulo 4

Con el corazón en la mano

Soy un quiropráctico que trabaja con las ciencias del universo, encendiendo la vida en el hombre a través del arte del ajuste. No receto, ni trato o diagnostico enfermedades. Sólo uso mis manos. Trabajo con ese «misterioso algo» que creó mi cuerpo a partir de las células. En una época, hace una eternidad, fui puesto en este cuerpo para experimentar. Ese poder cósmico que me creó, que también mueve los mares, hace rotar la Tierra, dirige los cielos, da vida, la quita, lo es todo. Y ese poder que puso el universo en movimiento y me creó no me abandonó cuando me separé de la seguridad que me ofrecía el útero de mi madre. Está aún conmigo y me protege mientras mueve todas las formas hacia su destino predestinado.

No me concierne preguntar por qué, o dónde, sino que he de vivir innatamente; y vivir para ayudar a las demás criaturas. Y con ese ajuste quiropráctico uso todo el poder y energía que mueven este universo, para que mis congéneres tengan la oportunidad de vivir libres de molestias.

No deseo nada a cambio, sólo la oportunidad de dar. Yo doy la única cosa que tengo, amor. Y yo amo a todos quitando lo que interfiere con el cien por cien de la vida. No pido directivas a otros, miro en mi interior, soy una perfecta expresión de Dios, que vive las veinticuatro horas de cada día para los demás. Soy un quiropráctico de principios.

B. J. PALMER

La quiropráctica es la más simple ciencia de ajustar
las causas de las enfermedades que el mundo jamás ha-
ya conocido.

HUGH HARRISON,
editor, 1919

El verdadero arte de la quiropráctica reside en las manos del quiropráctico, porque es un arte de tocar y de sentir. Tocar con las manos, sentir con el corazón.

Desde el primer día en la facultad de quiropráctica, y durante muchos años, los quiroprácticos se dedican a desarrollar un exquisito sentido del tacto. Pasan innumerables horas estudiando la palpación y las técnicas para administrar un ajuste específico: el punto exacto, la aplicación de la fuerza en su justa medida. Aunque existe toda clase de tecnología para ayudar al quiropráctico a determinar si hay interferencia en el sistema nervioso, la detección y la corrección de la subluxación vertebral se hace con las manos.

El diagnóstico también se puede llevar a cabo a través de diversas herramientas, como la kinesiología, la observación de los patrones del paciente o con el examen de los tobillos, ya que la mayor o menor flexibilidad de los tobillos refleja también un sistema nervioso más o menos rígido.

En un nivel de trabajo quiropráctico más sutil, diríamos que la detección y corrección de las interferencias, además de con las manos, se realiza también con la intuición y con el corazón, con el arte de sentir al otro.

Las manos son filtros que polarizan la energía del quiropráctico y orientan la intención de sanar hacia un órgano, un centro de energía particular o una vértebra en concreto, en el caso de la quiropráctica. En las manos el tacto adquiere su plena inteligencia y se convierte, mediante el ajuste, en trabajo cocreador de bienestar y salud entre paciente y quiropráctico.

Aunque los doctores en quiropráctica aseguran que sólo trabajan con la energía interna del paciente ayudando a liberar las interferencias para que fluya la Inteligencia Innata, muchos reconocen que también mueven y canalizan energía vital.

La energía interna es también parte de la energía cósmica que sustenta todas las cosas.

En ese sentido, los quiroprácticos son puros canales de esa energía cósmica inteligente y para cuidar de las personas sólo necesitan sus manos, dejar la personalidad a un lado, entrega y mucho amor.

Cuando un quiropráctico usa sus manos cargadas con intención amorosa, como cuando una madre coloca las manos sobre el abdomen dolorido de su bebé, la piel y todo el sistema se convierte en un radar de amor, porque las manos son agentes del corazón. Esto no es filosofía, ni poesía, ni magia, ni curanderismo. Todas las ciencias energéticas y vibracionales que parten de las más antiguas civilizaciones conocidas por su arte de curar, como la china, la maya o la azteca, poseen la sabiduría de que las manos están conectadas a través de un meridiano energético con el corazón.

Que la ciencia no haya podido demostrar todavía la existencia de esos meridianos de energía no quiere decir que no existan: «Las manos emiten campos cuyo efecto es similar al de potentes campos magnéticos —afirma el médico bioenergético Jorge Carvajal—. Pueden modificar el crecimiento de las bacterias y la germinación de las semillas, aceleran la cicatrización de las heridas, incrementan el crecimiento de los recién nacidos y pueden armonizar la circulación de la energía entre dos sitios que han perdido comunicación. La emisión de las manos puede sincronizarse con la frecuencia de las ondas cerebrales. Las manos de un sanador entrenado pueden inducir a distancia potenciales eléctricos mensurables sobre la piel. [...] Como antenas, las manos pueden recibir y emitir la energía del amor que conecta el corazón de un terapeuta con ese centro mayor de amor que es el alma grupal. El más viejo, el menos costoso y el más poderoso de todos los instrumentos terapéuticos es el de las manos, que puede reconstruir y reparar la red de relaciones en el seno del campo energético humano».

Capítulo 5

El ajuste, el arte de la quiropráctica

Del mismo modo en que los principios de la quiropráctica distinguen a esta profesión sanitaria como una disciplina completamente aparte y diferente de la medicina convencional en cuanto a su filosofía y modo de entender la salud, también las técnicas del ajuste quiropráctico específico la revelan como la única profesión que ofrece este modo de cuidado.

El ajuste es el centro del cuidado quiropráctico y tiene como único propósito corregir o reducir la interferencia nerviosa.

Los doctores en quiropráctica se distinguen por ser los únicos que utilizan el ajuste espinal específico en el cuidado de los problemas de salud y calidad de vida. El ajuste no es un masaje ni una manipulación de huesos, sino un procedimiento mucho más profundo que llega al mismo centro neurálgico de nuestro sistema, el sistema nervioso.

Un ajuste es una fuerza aplicada específicamente sobre aquellas vértebras que se encuentran ligeramente desviadas o que han dejado de funcionar normalmente, para facilitar la corrección de la interferencia nerviosa.

Dicho de otro modo, un ajuste es un movimiento específico y a la vez suave de la columna vertebral.

El doctor en quiropráctica Arnaud Allard lo explica de forma simple: «Es poner la vértebra en su sitio usando la fuerza de forma muy rápida, pero hay muchas técnicas».

El ajuste se realiza con las manos o con ayuda de un pequeño instrumento de mano que los pacientes asociamos a una grapadora;

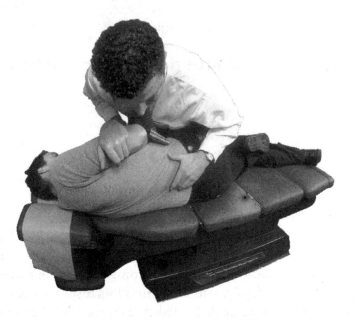

Doctor en quiropráctica realizando un ajuste en la camilla

también se puede realizar con la ayuda de un movimiento de una camilla especial.

Según explica la doctora en quiropráctica Michelle Nielsen, «las diferentes técnicas que utiliza el quiropráctico dependerán de múltiples factores. El ajuste quiropráctico puede variar desde un movimiento rápido pero calculado hasta uno suave de presión constante. Una vez se ha realizado el ajuste necesario, el cuerpo procesa la información y corrige el sistema él solo».

Se requiere mucha práctica y destreza para llegar a ser un experto en el arte de la quiropráctica. La fuerza debe hacerse con la justa cantidad de presión, en la dirección correcta y en el momento preciso.

El doctor en quiropráctica Brant Biddle comenta que «los quiroprácticos pasamos años practicando la aplicación de la fuerza, ya que el efecto del ajuste que se consigue en el paciente es muy distinto según sea más leve o más fuerte el toque».

El quiropráctico hace todo lo que está en sus manos (literalmente hablando) para restablecer la función correcta de los nervios en el organismo; por ese motivo, el cuidado primordial consiste en ajustes específicos de las vértebras.

Existe una confusión por parte del público y también de algunos científicos sobre la diferencia entre un ajuste quiropráctico y una manipulación biomecánica.

Para entender la diferencia hay que adentrarse en la comprensión del «cómo se hace», y aún más importante, el «para qué se hace», es decir, la finalidad o el propósito en ambos procedimientos.

Según explica el doctor en quiropráctica Tobías Goncharoff, «la manipulación es una fuerza aplicada sobre una articulación bloqueada, usando una palanca larga (como por ejemplo el brazo del terapeuta) a una velocidad lenta, lo que provoca un reflejo a nivel de la raíz del nervio que supuestamente puede aliviar el dolor, pero de forma temporal. Su finalidad o propósito es el alivio de síndromes dolorosos y/o el arreglo de problemas músculo-esqueléticos.

»El ajuste quiropráctico, en cambio, es una fuerza aplicada sobre una vértebra subluxada usando una palanca corta y a una velocidad rápida, procedimiento éste que le da la especificidad y la precisión para reducir o corregir la subluxación vertebral y restablecer el correcto funcionamiento del sistema nervioso. La finalidad de este ajuste específico no es aliviar los síntomas, aunque la mayoría de las veces se alivian, sino permitir que el impulso mental fluya al cien por cien de su potencial para que la Inteligencia Innata del organismo pueda actuar sin interferencias o limitaciones».

Explicado de ese modo podemos entender que la manipulación biomecánica y el ajuste quiropráctico tienen muy poco en común y que la quiropráctica no tiene nada que ver con las medicinas manuales, que van desde la osteopatía hasta las más variadas técnicas de masaje. Aunque todas ellas utilicen la imposición de manos, una práctica sanadora tan antigua como universal que se enseña como «toque terapéutico» en alrededor de ochenta instituciones estadounidenses de nivel universitario, en la quiropráctica las manos se utilizan no como medida complementaria de otras terapias, sino como el instrumento esencial para la recuperación paulatina y, en la mayoría de los casos, definitiva de la salud y del bienestar.

Hasta que Daniel David Palmer, el padre de la quiropráctica, no descubrió lo que denominó «ajustes específicos correctos», la prehistoria de este arte estuvo repleta de manipulaciones.

El doctor Terry A. Rondberg, en el libro *Chiropractic First,* refiere un poco de historia sobre los inicios de las manipulaciones de la espalda. Las primeras escenas donde se ve la manipulación de la columna vertebral se descubrieron en cuevas prehistóricas en Point le Merd, al suroeste de Francia, que datan del año 17500 a.C. Los antiguos chinos usaron la manipulación en el 2700 a.c. y algunos papiros griegos del 1500 a.c. daban instrucciones para resolver problemas de la parte baja de la espalda, maniobrando las piernas.

También se sabe que los ancianos japoneses, egipcios, babilonios, hindúes, tibetanos y sirios practicaban la manipulación de la columna.

Registros egipcios revelan que los hombres y las mujeres eran más fuertes y más sanos cuando sus espaldas estaban derechas en lugar de torcidas.

También en antiguos jeroglíficos de los nativos norteamericanos se muestra la técnica del *back walking,* «caminar sobre la espalda de un paciente», como un método para curar a los enfermos. Los sioux, winnebago y creek de Norteamérica dejaron registros que hablan de manipulación y curación.

El interés por corregir la columna vertebral también se encuentra en las grandes civilizaciones de México y América Central: mayas, toltecas, aztecas, taráscanos y zoltecas, que utilizaron estas técnicas de forma rutinaria.

Por otra parte, los incas de Suramérica hicieron de la manipulación un arte definido y bien documentado.

En la Grecia antigua, Hipócrates (460-377 a.C.) propuso la manipulación de la columna vertebral en los más de setenta libros que escribió sobre la curación. «Conozca la columna —decía el padre de la medicina—, dado que esto es un requisito para tratar muchas enfermedades.»

Herodoto, un contemporáneo de Hipócrates, adquirió fama curando enfermedades, corrigiendo las anomalías de la columna vertebral con ejercicios terapéuticos. Si el paciente se encontraba demasiado débil, él manipulaba la columna del paciente.

El filósofo Aristóteles criticaba el método de Herodoto porque lograba que las personas viejas rejuvenecieran y prolongaba sus vidas, lo que era desconcertante, ya que la expectativa de vida era sólo de tres décadas.

En Grecia se inventaron aparatos mecánicos para estirar la columna, los médicos caminaban también sobre la espalda de sus pacientes para corregir las desviaciones de la columna y los arqueólogos han descubierto pinturas de pacientes griegos colgados de sus tobillos.

En Roma, en el segundo siglo después de Cristo, Claudius Golen enseñaba la posición correcta para la espalda y las relaciones de las vértebras y la columna vertebral. Golen fue conocido como el príncipe de los médicos, título que le fue concedido después de alinear las vértebras del cuello de un conocido orador, cuya mano derecha estaba paralizada. Una vez que hubo alineado la vértebra, se restableció la transmisión nerviosa y el paciente pudo usar su mano otra vez.

Los conocimientos sobre cómo manipular la columna se fueron transmitiendo de generación en generación tanto en Oriente como en Occidente, y prácticamente cada pueblo tenía un «arregla huesos», que podía curar enderezando la columna.

Estos rústicos tipos de manipulación continuaron por todo el mundo hasta que Daniel David Palmer descubrió los ajustes específicos correctos (1895), cargados de intención para sanar, porque pensaba que los medicamentos y pociones usados comúnmente eran tóxicos y creaban estrés a los pacientes enfermos.

Le importaba encontrar la causa de la enfermedad y eliminarla con métodos naturales. Su hijo, B. J. Palmer, desarrolló más tarde la filosofía, el arte y la ciencia de la quiropráctica moderna que conocemos hoy en día.

Capítulo 6

Más de cien técnicas

Debido a la larga historia de la quiropráctica y la creatividad e investigación que siempre han acompañado a la profesión, existen muchísimas técnicas para ajustar la subluxación vertebral.

Aunque hay más de ciento veinte técnicas reconocidas, lo que es importante saber es que todas son seguras, todas son eficaces y todas tienen como única finalidad la corrección de la interferencia nerviosa.

En treinta y cinco años de ejercicio de la profesión quiropráctica en España no se ha dado ni una sola denuncia por haber causado daño a un paciente.

A menudo se cree que hay diferentes ajustes para diferentes casos, es decir, que hay un ajuste para tratar la presión sanguínea alta que es diferente del ajuste para el dolor de cabeza o para el lumbago.

Los doctores en quiropráctica insisten en señalar que el ajuste sólo tiene un propósito, que es el de corregir o reducir la interferencia sobre el sistema nervioso.

La curación potencial de un caso sintomático o de una enfermedad ocurre cuando hay un correcto flujo nervioso hasta la zona afectada y una mejora en la química general del cuerpo.

El procedimiento específico que use el profesional en cada caso será escogido después de haber evaluado cuidadosamente las radiografías (si las hubiere) y los datos del examen físico.

Es importante saber que un doctor en quiropráctica sólo intervendrá si el paciente presenta una subluxación vertebral. «Tener una enfermedad u otra condición de salud no justifica un ajuste a menos que el paciente presente interferencia nerviosa», afirma el doctor en quiropráctica Terry A. Rondberg.

Se pueden clasificar las técnicas en cuatro categorías de acuerdo con los efectos que producen sobre el sistema nervioso:

1. *Estructural/segmental*: todas las técnicas que caben en esta categoría tienen en común el ajuste sobre uno o más segmentos vertebrales para corregir la subluxación donde se ha detectado. No tienen otras propiedades o efectos sobre el sistema nervioso.

2. *Tonal/vibracional*: estas técnicas tienen en común que cuando se aplica el ajuste crean un efecto de vibración o resonancia sobre la columna vertebral y afectan globalmente al tono del sistema nervioso.

3. *Reflejogénica*: en este caso, el ajuste se realiza aprovechando los patrones reflejos que existen en el sistema nervioso. Un quiropráctico puede ajustar la quinta cervical desde las piernas, por ejemplo, por acto reflejo. Al parecer, desde un punto afectado en el organismo puede verse afectado cualquier otro punto, una parte o el organismo entero.

4. *Energética*: estas técnicas ajustan utilizando los campos energéticos del cuerpo. A ese nivel, un quiropráctico puede ajustar sin tocar siquiera el cuerpo físico, dirigiendo la intención a una vértebra determinada. Se puede ajustar sólo con la intención, tocando el campo electromagnético y direccionando la energía hacia el punto físico que necesita ajuste. No todo el mundo llega a necesitar esta técnica. Sólo se utiliza cuando existen problemas energéticos que causan una interferencia.

APRENDIENDO CON NETWORK

La técnica Network Spinal Analysis es una de las más recientes en la quiropráctica moderna (1983) y la más innovadora de todas en el proceso de sanación. Por eso queremos referirla aquí, aunque sólo sea una síntesis.

Ha sido desarrollada por el doctor en quiropráctica neoyorquino Donald M. Epstein (1953), autor de numerosos artículos científicos, libros, investigaciones y organizador de seminarios por todo el mundo. Esta técnica ve el proceso de curación del cuerpo como un aprendizaje y lleva, más que ninguna otra, a la autoconciencia. La meta especial de Network (trabajo en red) es descubrir los patrones de tensión que impiden el paso de la Inteligencia Innata por nuestro organismo y dejar que el cuerpo autoaprenda cómo corregirlos. Recientes estudios científicos están llegando a la conclusión de que la sede del inconsciente humano se encuentra en la médula espinal, y no en el cerebro.

Trabajando, pues, con el sistema nervioso al incidir en la columna vertebral podremos ayudar al cuerpo a reconocer algo que está separado de su conciencia, algo que no quiere ver, aquellos traumas profundos que se alojan en el inconsciente y que son la causa de la mayoría de las enfermedades.

Según el doctor en quiropráctica Brant Biddle, uno de los pocos quiroprácticos que se dedican exclusivamente a trabajar con esa técnica en España, «la gente casi siempre responde a un ajuste sin estar consciente. Se mueven para ajustarse, pero no reconocen por qué. Su mente inventa razones o excusas para moverse, como tocarse la nariz, por ejemplo, porque dicen que les pica, cuando en realidad su cuerpo realiza este movimiento para reajustarse. Poco a poco se van dando cuenta de sus movimientos internos y adquieren una mayor conciencia de ellos.

»La técnica Network te lleva a la autoconciencia, a reconocer los propios patrones de tensión en el sistema, a localizar la energía y a liberarla. Con otras técnicas quiroprácticas el cuerpo no aprende por sí mismo, en cambio con Network el proceso de autoaprendizaje es más activo porque tiene una dimensión más autoconsciente».

Por otro lado, el doctor en quiropráctica Tobías Goncharoff, que combina la técnica Network en su consulta con otras muchas, asegura que «aunque Network realmente te lleva a experimentar estados autoconscientes mucho más amplios, las otras técnicas quiroprácticas en general también sirven a ese propósito porque la quiropráctica, en su versión más amplia, ayuda a descubrir el poder interno de cada uno. Eso es lo fundamental, porque es lo que nos puede llevar a la sanación».

En realidad, no hay una técnica mejor que las otras, según opina el doctor en quiropráctica Arnauld Allard, sino que depende de cómo la aplique cada uno: «Cada quiropráctico tiene una técnica que es la que le va mejor a él —afirma—. Yo utilizo la técnica sacro-occipital, entre otras muchas, porque considero que la base del cráneo (occipital) y la pelvis o base del cuerpo (el sacro), donde se juntan las meninges, son dos puntos muy importantes que tienen una conexión fundamental. Existen muchas compensaciones en la columna que no se reducirían tanto si hubiera tensión en estos dos sitios».

El doctor en quiropráctica Major Dejarnett, creador de la técnica sacro-occipital, relacionó con su técnica la enfermedad y la capacidad de adaptación del individuo.

Según Dejarnett, al nacer, si no existen problemas genéticos, tenemos el cien por cien de salud y una tolerancia máxima al estrés, pero en la vida estamos expuestos a muchas formas de impactos estresantes que nos desequilibran.

En el libro *Chiropractic, anatomy and physiology of sacro occipital technique*, su autor, el quiropráctico Jonathan M. P. Howat, lo explica de la siguiente forma: «Cuando el estrés supera la capacidad de adaptación del organismo, el sistema músculo-esquelético se tuerce especialmente a nivel del sacro. Al girar la base de la espalda más hacia un lado, el sacro afecta al occipital por la relación de reciprocidad que ambos tienen debido a que son los dos puntos principales de ancla del sistema meningeal. Esta torsión afecta a la circulación del líquido cefalorraquídeo y debilita por completo el sistema nervioso. Este estado se llama, en sacro-occipital, categoría 1. Si una categoría 1 sigue sin corrección, la capacidad de adaptación sigue estresada y los ligamentos que sujetan la articulación sacro-ilíaca empiezan a estirarse y posiblemente se hieren. Entonces esta articulación empieza a perder su función de soporte del cuerpo. La consecuencia es que el cuerpo empieza a sostenerse por otras articulaciones y músculos que no están preparados para este exceso de trabajo.

»Esta falta de capacidad de mantener un estado gravitacional con el tiempo disminuye aún más la capacidad de adaptación del cuerpo y de su sistema nervioso (categoría 2). Debido a la incapacidad de sostener la postura contra la gravedad y debido también a la compensación que debe realizar el músculo psoas, que tiene un punto de ancla en la pierna y otro en las lumbares, el cuerpo pierde su postura, empieza a caer hacia un lado y con el tiempo debilitará los discos lumbares. Asimismo, habrá una degeneración prematura, debilitando el organismo a todos los niveles (categoría 3)».

En la técnica sacro-occipital el quiropráctico busca el indicador que le permite determinar en qué categoría se encuentra el paciente en cada momento.

La meta de la quiropráctica vitalista es el bienestar, que puede definirse como la capacidad del cuerpo para estar vivo al cien por cien: «Una de las propiedades de los seres vivos —explica el doctor Brant Biddle— es que son capaces de percibir el entorno, lo que implica que pueden responder ante él. En el proceso de lo que hay entre la vida y la muerte está el grado de vida que podemos llegar a experimentar. Cuanto más vivos somos, más posibilidades tenemos de percibir el entorno y adaptarnos a él. Es lo mismo que decir que cuanto más vivos estamos, más posibilidades tiene nuestro sistema nervioso de responder al estrés y más nos puede reforzar este estrés. La meta de la quiropráctica es que los pacientes lleguen a ser tan adaptables y flexibles que puedan recoger las experiencias estresantes de su vida y transformarlas en oportunidades para reforzar su sistema». Eso es el autoaprendizaje y la autocuración. Llegado ese punto uno ya podría ajustarse solo.

Capítulo 7

Noción de campo energético

La parte energética o sutil de nuestro ser está constituida por elementos no visibles para nuestros ojos físicos en condiciones normales, pero que en estados alterados de conciencia como la simple intuición es posible percibir. Este campo energético humano también es conocido con el término de *aura*, que significa «cuerpo de energía, cuerpo de luz».

Nuestro campo energético o aura abarca el espacio que rodea al cuerpo físico con los brazos extendidos y corresponde a la parte más sutil de nuestra constitución. Ya hemos dicho que está formado por la energía de nuestro cuerpo físico-etérico, emocional, mental y espiritual.

Todos hemos tenido alguna vez la experiencia de su existencia cuando, por ejemplo, hemos sentido afinidad o rechazo hacia una persona únicamente estando próxima a ella. Y solemos decir: «Esa persona me produce malas ondas o buena vibración o no hay química con esa persona». Esto es porque de alguna forma captamos o interferimos en su campo de energía, que es una vasta red donde todos estamos interconectados, y las intersecciones de esa gran malla relacional son puntos de conciencia. Como un dial radiofónico sintonizamos con aquella frecuencia o vibración que nos gusta y rechazamos intuitivamente la que nos produce ruido.

Los seres humanos tenemos la capacidad de ser emisores y receptores y poseemos un campo electromagnético como el Sol, la Tierra o la Luna.

Se pueden detectar los campos eléctricos de nuestro organismo sin gran dificultad, mediante técnicas como el electroencefalograma o la electrocardiografía, pero detectar y cuantificar los campos magnéticos generados por los seres vivos es mucho más difícil, porque son extremadamente débiles.

«Los campos magnéticos biológicos son como mínimo diez mil veces menores que el campo magnético terrestre, de ahí la dificultad de medirlos e investigar sobre ellos», afirma la doctora en medicina Inmaculada Nogués en su libro *De lo físico a lo sutil*.

Todo a nuestro alrededor y nosotros mismos somos energía, somos vibración, podemos decirlo porque lo hemos sentido alguna vez, lo experimentamos constantemente y lo podemos reconocer si estamos atentos a las señales.

Emociones, sentimientos, pensamientos, ideas… todo forma parte de ese campo energético que nos rodea y, por lo tanto, somos capaces de captarlos por resonancia con otra persona.

Por eso es posible la telepatía y por eso es posible también que, de la «curación» que experimenta un paciente quiropráctico en una sesión de ajuste en grupo, por ejemplo, se puedan beneficiar los demás pacientes y el propio doctor en quiropráctica.

Además de los factores físicos o la historia clínica de cada uno y debido también a ese campo energético tan vasto, cada una de las técnicas actuará de diferente manera según cada persona. Al ser muy personalizadas, funcionarán de distintas formas según la problemática de cada paciente y su nivel de evolución físico, emocional, mental y espiritual, pero también según el nivel de evolución de cada doctor, de su don personal o de cómo aplique o personalice a su manera cada técnica.

«Me he dado cuenta —comenta el doctor en quiropráctica Brant Biddle— de que los quiroprácticos son más importantes que las técnicas. Es imprescindible que un doctor en quiropráctica sea capaz de ajustar dejando de lado el ego, la personalidad que le condiciona y que impide que fluya la intuición. Debería actuar siempre desde el corazón como guía base para saber dónde poner las manos o cómo aplicar la fuerza exacta.»

Si alguien recibe cuidados de diez quiroprácticos distintos es muy posible que tenga diez experiencias distintas.

Ninguna de las técnicas funciona al cien por cien en todos los pacientes, y es así por todo lo que hemos comentado sobre el campo energético humano.

No sólo depende del paciente o del quiropráctico, en un nivel físico o técnico, sino de la química, de la vibración o de la conexión que se establezca entre uno y otro.

Y también del momento, porque todo tiene su tiempo y su espacio y éste no llega ni antes ni después, sino en el momento apropiado.

A veces una sustitución de nuestro doctor habitual o un encuentro quiropráctico donde se reúnen varios doctores ajustando en grupo a los pacientes que se han inscrito al curso constituyen un regalo que nos proporciona una experiencia de sanación distinta y necesaria para nosotros.

Por lo anterior, es recomendable probar diferentes doctores en quiropráctica, ya que cada uno posee una energía diferente que, interactuando con la nuestra, nos puede ayudar mejor en un momento dado.

Como existen tantas técnicas quiroprácticas hay muchas posibilidades de encontrar la que haga falta en cada caso y para cada persona.

Capítulo 8

El ajuste y sus efectos

*El tiempo siempre ha perpetuado y perpetuará
aquellos métodos que sirvan a la humanidad. La quiropráctica no es una excepción a esa regla.*

B. J. PALMER

¿Cómo se realiza un ajuste? Para realizar un ajuste se le pide al paciente que se recueste en una camilla de diseño especial. No hace falta quitarse la ropa ni descalzarse, pero es mejor liberar los pies de la presión de los zapatos mientras dura el ajuste porque los pies son antenas receptoras y emisoras de energía por las que pasan terminaciones nerviosas del cuerpo.

La sesión puede durar entre dos minutos y media hora, dependiendo de lo que indique al quiropráctico el cuerpo del paciente; B. J. Palmer decía que si uno puede ajustar en dos minutos no tiene por qué hacerlo en más.

Hay veces en que el paciente necesita un ajuste que no le provoque muchos cambios, mientras que en otras ocasiones apetece profundizar más en aspectos de la sanación. En las primeras sesiones de quiropráctica, pudiera parecer a aquellas personas acostumbradas a un concepto de la salud bastante aparatoso que no les están haciendo nada.

Los leves toques sobre las vértebras o la espera con las cuñas puestas para que el cuerpo vaya aprendiendo la información correcta pueden parecer tonterías. Sin embargo, cuando uno se levanta de la camilla y nota el bienestar ya desde el primer día de ajuste, el juicio cambia. Y cambia todavía más cuando al cabo de un cierto tiempo de ajustes regulares se aprecia en el posturómetro que ha variado el grado de inclinación de una cadera, del hombro o de la cabeza porque, efectivamente, poco a poco, la columna se va poniendo en su lugar. Cada ajuste se construye sobre el anterior.

Durante el ajuste el paciente no sabe si tiene que moverse o no, ni qué actitud tomar. Simplemente hay que relajarse, respirar, intentar sentir y dejar que sea la energía la que dicte los movimientos del cuerpo.

Al principio, uno puede pasarse meses sin realizar movimientos en la camilla debido a los bloqueos que impiden al cuerpo moverse libremente; no importa, porque no es necesario hacer nada.

A veces ese movimiento es tan interno y tan sutil que, aunque sólo pueda ser percibido por el propio paciente, y quizá por un quiropráctico muy sensible, no quiere decir que no mueva grandes cosas.

Cada persona tiene su proceso interno y no es necesario forzar movimientos, en contra de lo que el paciente cree. Cabe entrar en uno mismo y sentir el cuerpo, sentir la energía y dejarse llevar por ella; sentir la respiración y llevarla desde el coxis hasta la coronilla; sentir los pensamientos, las emociones...

Los quiroprácticos recomiendan que en la camilla el paciente se centre en la respiración, ya que su primer objetivo es que la persona se calme, que se concentre en su cuerpo y en su proceso y que pueda sentir la respiración automática a través de la columna, que note dónde la respiración fluye y dónde no (zona de bloqueo) y cómo va cambiando a medida que se va ajustando.

Es esencial quitar el ruido de la mente y llevar la respiración a esa zona bloqueada para oxigenarla y para que el impulso mental pueda fluir libremente con todo su potencial. Si el paciente puede visualizar cómo la respiración llega a su zona dolorida y respira a través de su cadera, de su hombro o de su hígado, sin duda, esto ayudará enormemente al proceso de salud.

Lo ideal es que la respiración pueda fluir por todo el cuerpo sin ninguna interferencia, como una gran ola que empieza en el sacro, sube hasta la coronilla y desciende otra vez, avanzando y retrocediendo sin ninguna roca que desbarate la armonía de su recorrido.

Según datos de las encuestas de bienestar realizadas a nivel mundial, los pacientes que tuvieron una onda respiratoria más completa y que fueron conscientes de ella son los que más ganaron en todos los índices de bienestar.

Ese proceso interno no tiene por qué compartirse con el quiropráctico, ya que él no necesita conocer las emociones, pensamientos, sentimientos o vivencias que experimenta el paciente para que se dé la curación.

No hace falta compartir la evolución del proceso con el quiropráctico si no se desea, sólo se hace imprescindible hablar cuando el paciente se siente perdido, asustado o sin rumbo.

«Lo más importante —asegura el doctor Tobías Goncharoff— es que cada persona tenga confianza en su proceso, sin miedo, porque nunca les va a pasar nada que no puedan soportar. El problema es que no confiamos en nuestro poder interno porque nos han enseñado que siempre fracasa. Pero esa sabiduría innata del cuerpo no tiene límites. Ése es también el gran mensaje de la quiropráctica.»

La meta de un quiropráctico es provocar cambios en el paciente rompiendo aquellos patrones fijos o informaciones dominantes que se van repitiendo en las personas y que constituyen el eje de su problemática.

Cuando, por ejemplo, una persona muy sana sufre un trauma emocional como la muerte de un ser querido o una separación, el quiropráctico buscará una técnica que pueda romper con el patrón fijo asociado a ese trauma, como puede ser el del abandono. «Quiero que cada vez que venga el paciente a ajustarse se presente con algo distinto. Si siempre aparece con la misma cervical o lumbar subluxada es que algo falla. Si no se han producido cambios no funciona, porque un sistema nervioso sano siempre está cambiando y adaptándose a nuevas situaciones», explica el doctor Goncharoff.

El fundador de la quiropráctica moderna, B. J. Palmer, decía que se podía curar a las personas pegándoles con una pala porque en realidad lo que se estaba haciendo era cambiar su energía.

El quiropráctico actúa como herramienta para el cambio rompiendo patrones en el paciente.

Esta intervención en la persona puede hacer pensar que en la técnica quiropráctica también la curación viene de fuera, al igual que en muchas otras disciplinas médicas o terapéuticas.

Sin embargo, lo que diferencia a la quiropráctica de las otras disciplinas científicas es su propósito consciente de respetar el infinito orden del universo, algo de lo que el hombre se separó hace tiempo.

Los quiroprácticos ajustan el físico también para afectar a lo metafísico, para promover un cambio de conciencia, una nueva visión del mundo y un nuevo concepto de la salud, ya que ellos no curan, sino que facilitan que el cuerpo busque consciente o inconscientemente su propia curación.

Ellos son la herramienta que usa el infinito orden del universo para romper moldes, pero es ese Orden el que promueve los cambios, con la libre voluntad del paciente: «Cuando tenía 18 años leí un discurso metafísico de Gottfried Nilheim Liabranz que hablaba de la perfección divina —apunta el doctor en quiropráctica John F. Demartini—; decía que hay un orden, un amor y una perfección divinos, pero que hay muy poca gente que realmente descubra este orden subyacente en sus vidas. Hoy en la física y la cosmología modernas el doctor Bohm ha redescubierto este principio, al que llama Orden Implícito. Yo he estado buscando ese Orden, y mi trabajo de Proceso de Colapso Cuántico ayuda a descubrirlo o redescubrirlo y a despertar. Realmente no veo que haya problemas en la vida, sino gente que no está despierta a la magnificencia de la vida y gradualmente se va despertando. Mi trabajo consiste en hacerles reconocer esa magnificencia y Orden divino, y no en solucionar sus problemas. Cuando lo reconocen se dan cuenta de que no importa lo que hayan hecho o no para merecer el amor. Así como un hijo lo recibe de sus padres, nosotros lo recibimos de Dios».

Cuando reconocemos el Orden divino en los acontecimientos de nuestra vida y trascendemos los miedos y las culpas asociados al desorden, entonces encontramos a Dios, ese gran diseño organizado en nuestra vida.

JOHN F. DEMARTINI,
doctor en quiropráctica

«Lo que intentamos proponer —comenta el doctor Goncha-roff— no es cambiar hábitos según la idea que yo tenga de la salud, sino provocar cambios que aporten salud. Cuando uno se encuentra más sano físicamente, el cuerpo escoge hábitos más sanos. La propia fisiología pide los cambios. La gente enferma hace cosas enfermas; la gente sana adopta hábitos sanos porque se ha dado en él o ella un cambio de conciencia a partir de una nueva fisiología.

»Un quiropráctico busca un cambio, ya sea para mejor o para "peor", y hay que analizar ese "peor", ya que todo contribuye a la sanación y a la vida aunque no seamos capaces de percibirlo.

»El lumbago cardíaco, por ejemplo, se produce como defensa del organismo para inmovilizar al paciente y que no sufra un ataque al corazón. Entonces, ¿qué es peor o mejor? No podemos juzgar lo que nos pasa, sino aceptarlo y buscar una solución natural.

»Si tomamos un antiinflamatorio contra el lumbago nuestro cuerpo se podrá mover, pero estaremos favoreciendo que se produzca el ataque cardíaco, como ha sucedido en muchos casos.

»Lo importante en el ajuste es que algo cambie, sin entrar en valoraciones de bien o mal, porque eso significa que el sistema nervioso responde.»

Cuando el paciente se levanta de la camilla, sobre todo después del primer ajuste, puede sentirse muy incómodo y hasta fatigado globalmente.

Según los quiroprácticos, este malestar se debe a la tremenda desintoxicación química que produce el cuerpo, ya que a medida que los venenos dejan el sistema pueden crear dolor de cabeza o un leve resfriado, un poco de temperatura y sensación de letargo.

Estos estados, no obstante, suelen desaparecer después de los dos próximos ajustes.

En el nivel físico, el paciente puede sentir también agujetas, hormigueos, síntomas más agravados, síntomas nuevos, mareos, vómitos, dolores musculares e infinidad de incomodidades, porque realmente un ajuste quiropráctico, aunque no lo parezca, es muy fuerte. Pero lo que generalmente los pacientes suelen sentir después de un ajuste es una sensación de paz y relajación que puede durar desde un día a una semana. A menudo, los pacientes comentan que duermen mejor por la noche y sienten un aumento de su energía.

Los doctores en quiropráctica aseguran, sin embargo, que el peor de los casos es que los pacientes se encuentren perfectamente después del primer ajuste, porque no vuelven.

El doctor Tobías Goncharoff relata el caso de un señor de 80 años que llevaba un año en cama y no podía andar: «Después del ajuste se levantó y caminó. Dijo: "¡Me he curado!", y no volvió. Este hombre ahora camina, pero es un hombre enfermo. Para mí fue un fracaso, porque el hecho de que pueda andar ¿significa que su impulso mental fluye con todo su pleno potencial? ¿Significa que manifiesta pleno bienestar en su vida y sus relaciones y que no tiene ninguna subluxación? Pues no. Ahora sufre de cataratas, hipertensión. [...] Luego me envió a quinientas personas buscando una cura milagrosa. Lo importante es que uno se conceda el tiempo para buscar los beneficios de la quiropráctica a largo plazo. Las curaciones espontáneas provocan que los pacientes no vuelvan, y lo que es peor, que no reconozcan su poder de autocuración. Sólo ven al "mago-quiropráctico" como artífice de su "curación"».

Al salir de la consulta de un quiropráctico es importante empezar a practicar nuevos hábitos.

En lugar de salir estresado para el trabajo, conviene darse un paseo o buscar situaciones de paz y tranquilidad. Después de un ajuste el sistema nervioso está funcionando de una forma más elevada y el paciente está más sensible, por eso no es conveniente volver a las pautas de siempre. La clave es tratar de evitar el estrés excesivo.

Algunos pacientes comentan: «Entré bien y salí mal»; sin embargo, cabe analizar este «salí mal» preguntándose uno qué hizo inmediatamente después del ajuste o qué cambió. Seguramente ese «estar mal» quiere decir que antes del ajuste el sistema nervioso estaba muerto y ahora despertó, y al despertar uno siente cosas. Por otro lado, después de un ajuste uno se siente con más energía. Si esa energía la malgastamos enseguida con una actividad física muy dura o realizando actividades muy estresantes, el paciente ajustado se sensibiliza mucho más con respecto a esa actividad.

El sistema tiene que ir aprendiendo a entrar en situaciones de estrés de forma paulatina, no de golpe.

Según los doctores en quiropráctica, lo que un paciente debe conseguir después de un ajuste es un sistema nervioso más adaptable, más sensible y más flexible.

La finalidad de un ajuste es la sensibilidad, la conciencia y el cambio.

Con un sistema nervioso más sensible uno se da cuenta de que algo no funciona, de que algo «está mal». En esa primera fase uno debe dejarse trabajar por el quiropráctico para que el sistema nervioso aprenda cómo ser plástico o flexible de nuevo y los tejidos blandos cómo hacerse más adaptables.

No es ése el momento de hacer grandes cambios en la vida, porque en el nivel físico el sistema nervioso despierta y se hace más sensible.

Los nervios que han estado oprimidos durante tantos años vuelven de repente a la vida. Mientras se curan, se vuelven sensibles, y los dolores de la vieja lesión pueden regresar con un fenómeno beneficioso para el cuerpo llamado *retracing* «recordatorio». Durante el *retracing* se repite el proceso de curación, como si la lesión hubiera tenido lugar ayer, en vez de hace años.

«Los quiroprácticos han descubierto que los tejidos del cuerpo, sobre todo las meninges (la capa protectora del cerebro y de la médula espinal), tienen una memoria que graba los traumatismos, heridas o accidentes que el cuerpo ha experimentado —comenta el doctor Terry A. Rondberg—. El cuerpo guarda, junto al recuerdo del dolor físico, también los sentimientos de miedo, shock, furia o histeria que acompañaron al traumatismo. Cuando el paciente empieza a curarse después de un ajuste es posible experimentar otra vez una molestia en una vieja herida» o «revivir» una situación traumática.

Sin embargo, no se revive como un trauma, sino como una liberación, sin sufrimiento, como si se estuviera viendo uno mismo en una película. Es importante saber que la experiencia no se vuelve a repetir, ni hay por qué entender lo que pasó, sino que el cuerpo simplemente reconoce aquella energía bloqueada y la libera. Muchos pacientes experimentan en esa fase la conciencia de un traumatismo que se generó en el pasado o en la niñez, pero el sistema nervioso lo sana como si hubiera sucedido hoy.

La fase de la conciencia llega cuando uno analiza lo que en su vida no cuadra con su propia idea de plena salud. Esto debe hacerse con tranquilidad, sin juzgarse por todo lo que uno cree que hizo mal y sin sentimientos de culpa por no estar realizando los cambios que debería.

La quiropráctica no es la panacea para todos los males, pero afecta a lo metafísico provocando cambios de conciencia y, a partir de ahí, empiezan a llegar los cambios a todos los niveles, la elección de nuevas medidas, hábitos o pautas de vida que nos acercan cada vez más a nuestro propio bienestar.

Tercera parte

LA QUIROPRÁCTICA, UNA CIENCIA

Capítulo 9

El sistema nervioso

La gran idea.

Un resbalón en la acera nevada es una cosa de poca importancia que le pasa a millones de personas. Una caída de una escalera es una cosa de poca importancia. También le pasa a millones de personas. El resbalón o la caída producen subluxaciones. La subluxación es una cosa de poca importancia, que produce presión sobre un nervio. Esa presión es una cosa de poca importancia. Ese flujo nervioso disminuido produce un cuerpo y un cerebro con molestias. Eso es algo importante para ese hombre.

Multiplique ese hombre enfermo por mil y usted controla el bienestar físico y mental de una ciudad. Multiplique ese hombre por 135 millones y usted puede pronosticar el estado mental y físico de una nación. Así que resbalar o caer, la subluxación, la presión, el flujo de imágenes mentales y las molestias son lo suficientemente importantes para controlar los pensamientos y acciones de una nación.

Ahora llega un hombre. Un hombre es una cosa de poca importancia. El hombre se hace un ajuste. El ajuste es una cosa de poca importancia. El ajuste corrige la subluxación. Esto es una cosa de poca importancia. La subluxación ajustada quita la presión sobre el nervio. Esto es una cosa de poca importancia. La presión liberada devuelve la salud a un hombre. Esto es algo importante pa-

ra él. Multiplique ese hombre sano por mil y usted puede aumentar en progresión geométrica el bienestar mental y físico de una ciudad. Multiplique ese hombre sano por un millón y usted incrementará la eficiencia de un estado. Multiplique ese hombre sano por 135 millones y usted habrá producido una raza mejor, más sana y más rica para la posteridad.

Así que el ajuste de la subluxación vertebral para liberar la presión que hay en los nervios, para restablecer el flujo mental, para restablecer la salud, es lo suficientemente importante para reconstruir los pensamientos y las acciones del mundo.

La idea que conoce la causa, que puede corregir la causa de la molestia, es una de las ideas más grandes que se conocen. Sin ella, las naciones caen. Con ella, las naciones se levantan. Esta idea es la mejor que conozco.

B. J. PALMER

Todos los medicamentos del mundo no podrían ajustar una vértebra subluxada.

B. J. PALMER

El sistema nervioso es el mayor sistema de control del organismo humano y es de primordial importancia para el quiropráctico. En general, controla, entre otras, actividades rápidas, como las contracciones musculares, los fenómenos viscerales cambiantes o la intensidad de secreción de algunas glándulas.

Hoy en día, siguen siendo un misterio gran parte de sus capacidades y su impresionante funcionamiento. En milésimas de segundo es capaz de recibir miles de datos de información, integrarlos y emitir una respuesta. La mayor parte de las actividades del sistema nervioso procede de nuestra experiencia a través de los sentidos, principalmente visual, auditivo, táctil y olfativo.

Está compuesto por el sistema nervioso central (SNC) y por el sistema nervioso periférico o neurovegetativo (SNP).

El sistema nervioso central consta de cerebro, cerebelo y médula espinal, que pasa por dentro de la columna vertebral a través

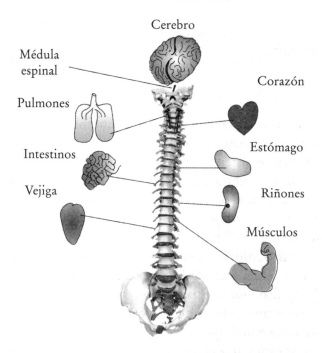

Cerebro

Médula espinal

Pulmones

Intestinos

Vejiga

Corazón

Estómago

Riñones

Músculos

Cuando no hay interferencias, el sistema nervioso sano controla la función de cada célula, tejido y sistemas del cuerpo.
Gracias a Sheila Hanchard

del canal espinal. Este sistema está protegido por una capa de tejidos denominada meninges, el cráneo y la columna vertebral.

El sistema nervioso central almacena la información, genera ideas y origina reacciones que el cuerpo llevará a cabo en respuesta a estas percepciones. Ésta es la parte sensitiva, ya que los nervios sensoriales tienen la capacidad de captar el estado de nuestro cuerpo o la situación del medio que nos rodea, para luego transmitir señales de salida hacia la parte motora, llevando la información a nuestros músculos para cubrir necesidades o realizar deseos.

Por otro lado, el sistema nervioso autónomo (perteneciente al sistema nervioso periférico) trabaja en relación con el subconsciente, controlando y regulando de forma automática, involuntaria, muchas de las funciones de nuestros órganos internos, como la frecuencia cardíaca, el ritmo intestinal, el control de la presión arterial, el sudor, la temperatura corporal, la emisión de orina, etc.

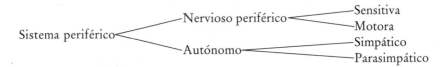

También se le llama sistema nervioso autónomo o vegetativo y se divide en sistema simpático y parasimpático.

Ambas partes del sistema nervioso, el central y el periférico, funcionan en lo que se denomina como el «ciclo del imperdible» y ambos pueden tener impulsos aferentes e impulsos motores-eferentes.

La cabeza del imperdible representa el cerebro y la terminal representa una célula o tejido. Un lado del imperdible representa el impulso aferente o información que sube del sistema nervioso periférico, de una célula o tejido hasta el cerebro, y el otro lado representa el impulso motor-eferente.

El impulso mental o flujo de información eferente es la inteligencia contenida en un impulso nervioso que se origina en el sistema nervioso central y lleva las órdenes del cerebro a todo el organismo.

Los impulsos aferentes suben la información que nos llega desde el sistema nervioso periférico hasta el cerebro. «Aunque el impulso aferente inicial procede del sistema nervioso periférico (pre-sináptico), una vez que hace sinapsis con la médula, convierte el siguiente impulso en uno del tipo del sistema nervioso central —explica el doctor Goncharoff—. Igualmente es posible tener un impulso "eferente" o impulso motor tanto de tipo del sistema nervioso central como del sistema periférico. Que sea de un tipo u otro sólo depende de dónde se encuentra en el momento en que uno quiera describirlo.»

El cerebro sólo puede funcionar según el nivel de la información que recibe. Por ello es de suma importancia que la información que llegue al cerebro a través del sistema nervioso periférico (aferente) sea de máxima calidad. Sólo de ese modo podrá responder con órdenes eferentes para mantener el organismo funcionando con perfecta armonía.

La calidad de la información aferente que llega al cerebro depende, en gran parte, de la integridad de las articulaciones, principalmente de las articulaciones de la columna vertebral, que están repletas de receptores neurológicos llamados proprioceptores. La función de los proprioceptores es suministrar información de forma continuada al cerebro y cerebelo sobre el estado de funcionamiento y la integridad de las articulaciones.

En quiropráctica hay un antiguo refrán que dice «Basura entra, basura sale». Si sólo llega mala información al cerebro, sólo podrán salir malas órdenes de él.

La ciencia ha comprobado que la subluxación vertebral altera la integridad de los proprioceptores y que repercute en todo el organismo.

Cuando existe una subluxación en una vértebra la información que suben los proprioceptores de dicha articulación al cerebro es errónea. Consecuentemente, el cerebro formula un impulso mental basado en información errónea y el sistema inmunitario y los otros sistemas sufren una disfunción. Si continúa este ciclo vicioso se puede llegar a la verdadera enfermedad por el colapso de la integridad del sistema nervioso.

La subluxación puede perturbar el funcionamiento del sistema nervioso central de un modo directo alterando el funcionamiento de la médula espinal y, de ese modo, interferir con la transmisión del impulso mental o flujo de información eferente. Así se perturba la calidad de las órdenes que manda el cerebro a la célula.

De igual modo, la subluxación puede alterar el sistema nervioso autónomo afectando a los órganos, las glándulas e incluso la propia inmunidad del organismo.

«La subluxación vertebral puede afectar, pues, a cualquier parte del sistema nervioso: puede afectar al impulso aferente tanto a nivel de sistema nervioso central como periférico, puede alterar el sistema nervioso simpático o el parasimpático, el funcionamiento del cerebelo, del cerebro o incluso de las meninges, o puede alterar una combinación de varios sistemas a la vez. Este último caso es posiblemente la mejor forma de entender el efecto devastador de una subluxación vertebral. Altera el funcionamiento de todo el conjunto, que es el sistema nervioso, y altera el potencial de nuestro ser integral», subraya el doctor Tobías Goncharoff.

«Cualquier persona con una subluxación vertebral tiene el sistema simpático hiperactivo y esto influye en la renovación de todas las células, en el bazo, en la médula ósea, en los nódulos de la linfa. [...] Si hay mucha hiperactividad, esas partes están muy estimuladas, se fatigan y provocan el agotamiento de la célula. El efecto es una disfunción del sistema nervioso autónomo o una "desautonomía", efecto que puede causar la mayoría de los desórdenes y de las enfermedades (síndrome de fatiga crónica, colon irritable, fibromialgia, etc.).

»La desautonomía es un fallo en la organización del sistema. Ahora sabemos que la subluxación vertebral es la causa de la "desautonomía" del sistema nervioso autónomo (incluye el sistema simpático y el parasimpático) y, por tanto, el cuidado quiropráctico ayuda a normalizar dicha actividad», afirma por su parte el doctor e investigador en quiropráctica Adrián Wenban.

¿LUCHAR PARA SOBREVIVIR?

El sistema nervioso autónomo se divide en simpático y parasimpático. El sistema simpático tiene que ver con la supervivencia del organismo y fue diseñado para trabajar intensamente a corto plazo, porque se encarga de estimular la salida de enzimas y hormonas del estrés: adrenalina, cortisol, endorfinas, enkefalinas, etc.

Estas hormonas o neuropéptidos se encargan de aumentar el ritmo cardíaco, la capacidad pulmonar, el riego sanguíneo y frenar las sensaciones de dolor para que podamos seguir luchando para sobrevivir.

La subluxación es el agente principal para que este mecanismo de «luchar para sobrevivir» esté constantemente puesto en marcha, incluso aunque no nos encontremos en situaciones que requieran tal estado de estrés.

La hiperestimulación del sistema nervioso simpático y su correspondiente agotamiento está considerada por la comunidad científica actual como la «causa principal» de enfermedad en el ser humano.

El estrés es, pues, la causa principal de las subluxaciones vertebrales y constituye un modo de vida al que la sociedad moderna se ha acostumbrado sin darse el tiempo para pensar que la lucha no sería necesaria si consiguiéramos vivir en paz, eliminando todas las interferencias de nuestra vida.

La subluxación es, por definición, un estado de estrés negativo para el organismo humano; en contraposición, hay un cierto grado de estrés positivo, que es el que nos permite actuar.

Por otro lado, el sistema nervioso parasimpático o sistema vegetativo sólo funciona cuando estamos descansando o en actitudes y frente a situaciones en la vida que nos producen paz. Cuando estamos enamorados nos encontramos en el parasimpático.

Enamorarnos de la vida, de todo lo que hacemos, sabiendo que ella va por delante y nos lleva sin que tengamos necesidad de luchar, quizá sea la mejor receta para la paz.

En cambio, en situaciones de estrés, cuando domina el sistema simpático, el sistema parasimpático queda anulado y no puede hacer su trabajo.

Este trabajo del sistema nervioso parasimpático es de vital importancia para el hombre, ya que consiste en mantener los órganos funcionando correctamente con un buen riego sanguíneo y estimular la regeneración de los tejidos dañados.

Todos nuestros órganos y glándulas poseen fibras nerviosas procedentes de ambos sistemas: simpático y parasimpático.

Ambos se equilibran y complementan. Cuando uno de ellos tiene una función excitadora, el otro se inhibe, manteniendo de esta forma un equilibrio entre actividad y reposo y una acción rítmica de los órganos internos, las glándulas, los músculos, las arterias, las venas, etc.

Lo malo es cuando se rompe ese equilibrio por múltiples causas, y una de las más decisivas es la subluxación vertebral o interferencia del nervio espinal. Hay billones de fibras nerviosas en el cuerpo, que se originan en el cerebro y se trasladan atadas en haces denominados nervios.

El recorrido de los nervios es el que sigue: nacen en el cerebro, pasan por un agujero que se halla en la parte inferior del cráneo (agujero magno o boca de Dios, según la traducción literal) y continúan hacia abajo por el interior de la espina dorsal. Luego, se van ramificando en haces separados y salen por agujeros o forámenes invertebrales situados entre las vértebras. Cuando salen de la espina dorsal, los nervios continúan ramificándose en haces cada vez más pequeños, hasta que terminan su recorrido en cada rincón de nuestro cuerpo.

Los nervios son los encargados de enviar impulsos o mensajes desde el cerebro hasta el cuerpo y viceversa, por ello se pueden considerar extensiones del cerebro, y sin ellos el cuerpo estaría aislado y no realizaría ninguna función vital.

Un nervio pinzado es un nervio alterado, y puede afectar a la salud de todo el organismo; a ese pinzamiento se le conoce con el término de subluxación vertebral.

Cuando una o más vértebras se desplazan de su posición natural en la columna, se dice en quiropráctica que están subluxadas.

La subluxación provoca el aprisionamiento del nervio que fluye por el interior de las vértebras mal encajadas. Ese nervio irritado no transmite con normalidad la información entre el cuerpo y el cerebro.

Si pisamos una manguera producimos un efecto parecido: nuestro pie impide que el agua circule con suficiente presión.

Así pasa con la Inteligencia Innata o fuerza vital del organismo cuando hay una vértebra subluxada; aparece un descenso de la habilidad innata del cuerpo para funcionar correctamente y curarse a sí mismo.

Capítulo 10

La subluxación o falta de luz

Ajustar la subluxación es mejorar al hombre, aumentar su eficiencia, incrementar su capacidad, hacerlo más natural y permitirle que esté más en paz consigo mismo; porque todo es posible para aquel cuyo cuerpo esté a la altura de su Innato.

B. J. PALMER

Los doctores en quiropráctica son especialistas en el sistema nervioso y los únicos que pueden diagnosticar y corregir una subluxación vertebral o interferencia en el sistema nervioso porque están especialmente preparados para ello.

A lo largo de los más de cien años de historia de la quiropráctica, los profesionales han comprendido que el cuerpo se cura a sí mismo y que su función es eliminar la interferencia que le impide manifestar su poder de autocuración.

La detección y corrección de la subluxación vertebral es la única finalidad del cuidado quiropráctico; es diferente de la médica, ya que solamente se puede diagnosticar con las manos, no se puede probar.

Los quiroprácticos la detectan básicamente palpando la espalda para determinar si existe movilidad en las vértebras; de no ser así, significa que se padece una subluxación.

Esta interferencia nerviosa se denomina a menudo el «asesino silencioso», porque puede estar presente durante muchos años antes de que aparezcan los síntomas y puede minar la salud de la persona lentamente, dañar los nervios y otros tejidos sin dolor y sin signos de advertencia.

Por otro lado, una subluxación puede ser la causa de un proceso dolorosísimo como la lumbalgia o la ciática, pero también puede ser la causa del funcionamiento deteriorado del sistema nervioso. Por ejemplo, la obstaculización de los nervios que van al estómago o a los intestinos puede provocar úlceras, diarreas, estreñimiento u otros malestares gastrointestinales.

Así pues, más que el dolor, la fatiga y el agotamiento son los avisos más claros y las primeras señales de que sufrimos una subluxación vertebral.

La mejor idea es buscar la causa del agotamiento teniendo en cuenta un posible chequeo quiropráctico de la columna vertebral.

La subluxación se puede entender, a nivel del físico, como un desplazamiento o falta de movilidad de una vértebra, que deja de funcionar como un cuerpo dinámico, junto a las 23 restantes.

Este desplazamiento de la vértebra de su posición normal en la columna es suficiente para oprimir el nervio que fluye por su interior y crear así una interferencia sobre el sistema nervioso.

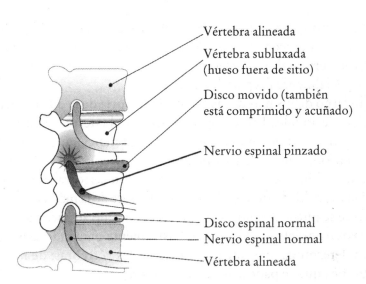

Vértebra alineada

Vértebra subluxada (hueso fuera de sitio)

Disco movido (también está comprimido y acuñado)

Nervio espinal pinzado

Disco espinal normal

Nervio espinal normal

Vértebra alineada

Subluxación vertebral
Gracias a Sheila Hanchard

Como ya dijimos, la información que llega del cerebro a través de los nervios no fluye entonces con normalidad y se produce un estado de desarmonía, de falta de equilibrio.

En inglés, *disease* significa «enfermedad»: *dis-* («apartado de») y *-ease* («estado de equilibrio»), y, en su sentido metafísico, malestar, falta de salud, falta de luz o de fluido de nuestra energía innata sanadora.

Todos poseemos el poder de curarnos a nosotros mismos, ya que somos un brillante en bruto al que hemos ido añadiendo capas de polución, sedentarismo, estrés, pensamientos negativos, impactos emocionales, psíquicos o físicos.

Nuestra columna vertebral registra estas interferencias en forma de subluxaciones que afectan al sistema nervioso e impiden que pase el impulso mental (inteligencia que tiene su origen en el sistema nervioso central) desde el cerebro a todos nuestros órganos.

Esa energía vital o Inteligencia Innata sanadora es el componente biológico de la Inteligencia universal o Luz que guía al cuerpo.

De ahí podemos entender la palabra *subluxación,* que etimológicamente significa «estado de falta de luz» y que procede del griego: *sub* («por debajo de» o «falta de»), *lux* («luz») y *ión* («estado de»).

La subluxación, pues, interfiere con el impulso mental o información que pasa a través del nervio y provoca un «estado de falta de luz» o disfunción en el organismo, cuyo impacto negativo sobre la salud y el bienestar del cuerpo humano está ampliamente comprobado por la investigación científica.

Una mínima presión aplicada sobre la raíz de un nervio espinal (4 a 10 mm de Hg, o la presión que ejerce una moneda sobre un dedo) provoca alteraciones de transmisión nerviosa, falta de flujo de neurotransmisores (neurotaxis) y falta de infusión sanguínea sobre el nervio.

Además, también genera reflejos autonómicos que alteran el correcto funcionamiento del sistema simpático y que impactan en el funcionamiento de los sistemas endocrino, inmunológico, digestivo, etc.; o incluso existe evidencia de alteración genética a nivel celular a consecuencia de la presión sobre un nervio espinal.

El doctor en quiropráctica Tobías Goncharoff explica que existen múltiples estudios que muestran la estrecha relación que existe entre un buen funcionamiento biomecánico y el buen funcionamiento del cerebro: «La adaptabilidad del cerebro depende de la calidad de información que transmiten los mecano-receptores de la columna. Si existen una o más subluxaciones en la columna vertebral la calidad de la información que llega al cerebro será defectuosa y, como consecuencia, la capacidad de adaptabilidad y flexibilidad del cerebro para responder a cualquier situación de la vida se verá disminuida. La habilidad que tiene el cerebro para organizarse a niveles más sofisticados y complejos depende del buen funcionamiento de la columna vertebral».

También depende de la columna vertebral tener un sistema inmunológico fuerte, ya que se ha demostrado que se ve afectado por los problemas en la columna vertebral.

Una investigación realizada en 1989 y publicada en el número 12 (pág. 4) de la prestigiosa revista científica *Journal of Physiological and Manipulative Therapeutics* demuestra lo que los doctores en quiropráctica ya saben desde 1895: que el sistema nervioso controla directamente el sistema inmunológico. Por lo tanto, una interferencia en el primero puede afectar al buen funcionamiento del segundo e impedir, obviamente, que el cuerpo esté sano.

Los doctores en quiropráctica lo sintetizan diciendo que las subluxaciones en la columna vertebral pueden afectar negativamente a la respuesta inmunológica del cuerpo porque interfieren en el eslabón de comunicación entre el sistema nervioso y el inmunológico.

La investigación viene a demostrar, pues, que la quiropráctica puede incidir favorablemente en la prevención de enfermedades de inmunodeficiencia debido al efecto directo que tiene sobre el buen funcionamiento del sistema nervioso y, consecuentemente, sobre el sistema inmunológico.

Desde hace tiempo, era conocido que los glóbulos blancos o linfocitos tienen un receptor de las sustancias químicas producidas por el sistema nervioso llamadas neurohormonas y neuromoduladores, que inhiben o estimulan la actividad de los glóbulos blancos.

Pero en una reciente investigación se descubrió que esas sustancias químicas también son producidas por los glóbulos blancos (sistema inmunológico), lo que indica que éstos pueden comunicarse directamente con el sistema nervioso sin necesidad de ningún receptor.

Capítulo 11

Causas de la subluxación

Las causas de las interferencias nerviosas son numerosas y a menudo también son inevitables; sin embargo, se podrían resumir en tres tipos: el estrés físico, el estrés mental y emocional, y el estrés químico:

Estrés físico: desde pequeños, la columna vertebral puede dañarse durante el parto si éste es difícil o requiere el uso de fórceps u otras medidas similares. Incluso en partos naturales bajo el agua se producen subluxaciones en los bebés y son causa de la mayoría de cólicos, dolores de oídos y malestares propios de los recién nacidos. La columna vertebral puede dañarse también con las caídas al aprender a caminar y, ya de niños, al aprender a montar en bicicleta, practicar deportes e incluso llevar mochilas con exceso de peso, y mal equilibradas.

De adultos, son frecuentes causas de subluxación las malas posturas, el sentarse mal, cruzar las piernas, caminar encorvados, dormir boca abajo, llevar una vida sedentaria o con largos períodos de inmovilidad, levantar pesos excesivos, etc.

Otros problemas de la columna vertebral pueden ser causados por accidentes, choques de vehículos o problemas dentales, entre otros muchos factores.

Los accidentes leves, aparentemente sin importancia, pueden causar problemas espinales y no ser detectados durante meses o incluso años.

La quiropráctica es el único método que da resultado en los casos de latigazo cervical, y en los de hernia de disco lo mejor es hacer sólo ajustes.

Según el quiropráctico Ted Koren, «los pacientes con hernia de disco se pueden recuperar sin cirugía, ya que cuando se operan suelen necesitar una segunda intervención, porque al extraer un disco los otros deben cargar con el peso».

Estrés mental y emocional: «Cuando un estrés emocional es demasiado fuerte como para que el sistema nervioso pueda asimilarlo o procesarlo, nuestro sistema nervioso se adapta provocando una subluxación vertebral», explica el doctor Goncharoff. Existe una estrecha relación entre muchos problemas físicos y una salud emocional defectuosa, según afirman los profesionales que estudian la conexión entre el cuerpo y la mente.

La ansiedad (que altera incluso nuestra sangre) por encontrar un empleo o el hecho de tener uno que no satisface, el nerviosismo de tener que entregar un trabajo a tiempo, las preocupaciones familiares o financieras, los problemas de relación con los demás, el exigirnos más allá de nuestros límites, las semanas de tensión constante, los viajes o hasta un simple atasco de tráfico pueden causar problemas en la columna vertebral y afectar a nuestra salud a corto o largo plazo.

Según el doctor en quiropráctica Ted Koren, «una persona feliz tiene menos colesterol que una que no lo es. Meditar también ayuda a bajar el nivel de colesterol en la sangre y rezar por otras personas es sanador para el que reza. La estimulación del sistema nervioso ayuda a los pacientes con depresión, ya que hay algo que conecta la mente y el cuerpo. La mente no afecta al cuerpo, la mente es el cuerpo. La tristeza, el miedo, la ansiedad afectan al sistema inmunológico. Hacer el amor una vez por semana es sanador, tener animales domésticos es saludable, cuantos más amigos tienes, menos posibilidades hay de pillar un resfriado, los jóvenes que comen con la familia al menos cinco veces por semana tienen menos posibilidades de usar drogas o de ser depresivos. Se descubrió que el 87 % de los adolescentes que habían tenido una mala relación con su familia contraía cáncer de adulto, mientras que sólo el 25 % de los jóvenes con una buena relación familiar lo contraían».

Estrés químico: la función del sistema nervioso puede verse afectada por una dieta deficitaria (comida basura) o por una dieta con exceso de grasas y proteínas de origen animal, por beber poca agua, por la exposición a la contaminación ambiental y psíquica, por las drogas, el tabaco, por el abuso del alcohol o de los medicamentos, entre otras causas.

Según el quiropráctico Ted Koren, «en los fumadores se da más degeneración de los discos invertebrales que en los no fumadores. La contaminación electromagnética (televisores, microondas, móviles, aviones, ordenadores, etc.) afecta a nuestro sistema inmunológico. Se ha comprobado que exponerse a un teléfono móvil más de quince minutos al día puede originar tumores en el cerebro».

Por otra parte, el doctor G. J. Hyland (Departamento de Física de la Universidad de Warwick, Coventry UK, reconocido experto a nivel mundial en el tema de las radiaciones no ionizantes, específicamente de las microondas, y de cómo afectan a los seres vivos) afirmaba, en un estudio de 1999, que «existen numerosos informes de una solidez remarcable en todo el mundo sobre los efectos nocivos para la salud experimentados tanto por los usuarios de teléfonos móviles como por personas residentes en la proximidad de estaciones base asociadas, siendo las más habituales las quejas de naturaleza neurológica, tales como efectos sobre la memoria a corto plazo, la concentración, el aprendizaje, los desórdenes del sueño, estados de ansiedad y un incremento en los casos de leucemia».

Estos informes científicos sobre la telefonía móvil muestran que, a partir de los quince minutos diarios de uso, al año pueden comenzar los trastornos en el cuerpo y en la personalidad. Los móviles, según aseguran, alteran la membrana celular, degeneran el código genético y pueden repercutir en el funcionamiento cardíaco y cerebral provocando infartos, derrames cerebrales y tumores.

«Otras dos importantes causas de tumores —sigue diciendo el doctor Ted Koren— son la intoxicación química o medicamentosa y la vida sedentaria.»

Aunque las vacunas no es un tema que concierne a la quiropráctica, la mayoría de los quiroprácticos opina que hay que preocuparse por estos medicamentos porque pueden ser una fuente de estrés químico y desencadenar las enfermedades que desean evitar. El doctor en medicina Robert Mendelsohn, que se convirtió en un detractor de la profesión médica, asegura en el libro *Confessions of a Medical Heretic* que «la vacuna más segura es la que nunca se usa».

Hemos creado un mundo que no facilita el pleno funcionamiento del cuerpo humano ni la vía de la salud natural.

Todos tenemos subluxaciones, ya que es casi imposible no tenerlas. Por eso, no se trata de eliminar el estrés, porque cierto grado de tensión es necesario para mantenernos vivos y poder actuar, sino de modificarlo y adaptarnos.

«Con ajustes quiroprácticos frecuentes el cuerpo va aprendiendo a reconocer la información correcta y amplía su capacidad de asimilar y responder al estrés sin necesidad de ponernos enfermos —explica el doctor Goncharoff—. Es más, llega un día en que se puede aprovechar la misma energía del estrés para provocar la curación. Los quiroprácticos estamos educando a la gente para que se centre en su salud y no en su enfermedad. A nosotros acude gente enferma que, con el tiempo, ya no sólo desea el alivio puntual de sus síntomas, sino conseguir un estado de salud constante. También acude gente sana porque les importa su bienestar y poder mantener su salud. Buscamos en todos ellos la interferencia y la ajustamos para que haya mejor comunicación dentro del organismo. Un ajuste se construye sobre el anterior y, poco a poco, el cuerpo va aprendiendo la buena información. Se trata de aprendera a respirar, porque la respiración permite eliminar las interferencias para que suba la información al cerebro. Les enseñamos qué elecciones han hecho en su vida para provocar un estrés físico, emocional o químico que el cuerpo no puede asimilar. Con el cambio de hábitos y actitudes personales de vida el sistema nervioso amplía su frecuencia de respuesta a todo tipo de contrariedad y puede responder mejor.

»Se hace más flexible y adaptable a los cambios. La desautonomía del sistema nervioso es la raíz de muchas enfermedades y lo que incapacita a nuestro potencial humano para organizarse cada vez, a niveles más complejos. La meta final es que cualquier experiencia, por más estresante que parezca, se aproveche como energía para curarse.»

La condición vital del ser humano y de todas las especies de la creación para sobrevivir ha sido la adaptación a la vida, ya que sin adaptación no es posible la evolución.

SEÑALES DE ADVERTENCIA DE SUBLUXACIÓN VERTEBRAL

- Una cadera más alta.
- Una pierna más corta.
- Omóplatos sobresalientes.
- Un pie torcido hacia adentro o hacia afuera.
- Dolores en las articulaciones.
- No poder estar inmóvil.

- Caerse a menudo.
- Inclinación de la nuca.
- Huesos ruidosos.
- Un hombro más alto.
- Estado agitado y nervioso.
- Niños hiperactivos.
- Cansancio y agotamiento.

Capítulo 12

Cuatro temas de interés científico

Estos estudios científicos muestran las principales áreas de interés científico de la quiropráctica de hoy en día: la columna vertebral y la desautonomía, el cuidado quiropráctico y la calidad de vida, la subluxación vertebral y sus consecuencias neurológicas centrales y los efectos de los problemas vertebrales crónicos sobre el tiempo de reacción y el procesamiento de la información del organismo. Los estudios que siguen han sido facilitados por el doctor en quiropráctica Adrian Wenban.

1. *La columna vertebral y la desautonomía*:

— Budgell, B. S., «Efectos reflejos de la subluxación: el sistema nervioso autónomo», *J. Manipulative Physiol. Ther.*, nº 23, 2000, págs. 104-106. Recientes informes neurocientíficos aseguran que una equivocada estimulación de las estructuras espinales y paraespinales puede conducir a respuestas reflejas segmentadas y organizadas del sistema nervioso autónomo, lo que puede alterar las funciones viscerales.

— Budgel, B. S. y Hirano, F., «Estimulación mecánica inocua del cuello y alteraciones en la variabilidad cardiaca en adultos sanos», *Auton. Neurosci.*, nº 91, 2001, págs. 96-99. Se realizó este estudio de control con un grupo de personas que recibían ajustes quiroprácticos y con otro que recibía un falso ajuste.

Los que recibieron quiropráctica mostraron alteraciones en las pulsaciones cardíacas y en la variabilidad de las pulsaciones, lo que indica un cambio significativo en el equilibrio del flujo de los sistemas simpático y parasimpático y su influencia sobre el corazón y la adaptabilidad.

— Budgell, B. S. y Suzuki, A., «Inhibición de la movilidad gástrica por una estimulación nociva de los tejidos interespinales en las ratas», *J. Auton. Nerv. Syst.*, nº 80, 2000, págs. 162-168. Este estudio sugiere que la estimulación química nociva de los tejidos interespinales origina un efecto segmentalmente organizado que está controlado en el nivel espinal y que se expresa a sí mismo sobre todo, pero no exclusivamente, por la vía de los eferentes simpáticos que atraviesan el ganglio celíaco.

La expresión de la respuesta refleja parece depender de la integridad de los receptores alfa-adrenérgicos.

Una subluxación a nivel de un nervio que va, por ejemplo, a los intestinos puede hiperestimular el sistema nervioso simpático ejerciendo efectos dañinos sobre los intestinos involucrados.

— Bolton, P. S., Kerman, I. A., Woodring, S. F. y Yates, B. J., «Influencia de los eferentes del cuello en la actividad nerviosa simpática y respiratoria», *Brain Res. Bulletin*, nº 47, 1998, págs. 413-419.

— Fujimoto, T., Budgell, B. S., Uchida, S., Suzuki, A. y Meguro, K., «Tonometría arterial para medir los efectos de la estimulación mecánica inocua del cuello, sobre las pulsaciones cardíacas y la presión sanguínea». El estímulo utilizado, un ajuste quiropráctico, provocó a veces cambios significativos en el ritmo cardíaco y la presión arterial, sugiriendo una mejor adaptabilidad del corazón y de dos sistemas, el arterial y el sanguíneo.

2. *El cuidado quiropráctico y la calidad de vida*:

— Rupert, R. L., «Un estudio sobre los modelos de las consultas y la promoción de la salud y la actitud preventiva de los quiroprácticos norteamericanos. Mantenimiento: Parte I», *J. Manipulative Physiol. Ther.*, nº 23, 2000, págs. 1-9. A pesar de las diferencias educacionales, filosóficas y políticas, los quiroprácticos norteamericanos están de acuerdo en el propósito de seguir un programa de mantenimiento quiropráctico (cuidado de mantenimiento), es decir, que los pacientes reciban ajustes periódicamente aunque no haya síntomas, señales o enfermedades, con la intención de optimizar el potencial humano y evitar problemas de la columna y del sistema nervioso.

Creen que es válido para personas de todas las edades y para distintos estados de salud, desde estrés hasta problemas del esqueleto, musculares y viscerales; por lo tanto, recomiendan seguir un programa de cuidados quiroprácticos para mantenerse en buen estado de salud aunque no haya enfermedad ni síntomas.

Este estudio sugiere que el nivel de cuidado primario, en cuanto a promoción de la salud y prevención, sobrepasa al de los médicos.

— Rupert, R. L. y otros «Cuidado de Mantenimiento: servicios de promoción de salud administrados a pacientes quiroprácticos a partir de 65 años de edad: Parte II», *J. Manipul. Physiol. Ther.*, n° 23, 2000, págs. 34-41. Según este estudio, para estos pacientes el cuidado de mantenimiento no consiste solamente en visitas periódicas para recibir ajustes de las vértebras para sanar el sistema nervioso, sino que incluye otras intervenciones: ejercicios, nutrición, relajación, terapia física y manipulación, que se dirigen a los problemas músculo-esqueléticos y viscerales.

3. *Subluxaciones espinales y consecuencias neurológicas centrales:*

— Jiang, H., Morteau, M., Raso, J. y otros, «Identificación de la ubicación, magnitud y canales de alimentación neurológica sensorial después de la manipulación de un ligamento lateral en los pollos», *Spine*, n° 22, 1997, págs. 17-25. La información obtenida en este estudio provee una segura base para futuros estudios en esta área, particularmente para enfermedades como la escoliosis, donde se cree que la percepción incorrecta de la información sensorial de los ligamentos puede ser un factor contribuyente.

— Takahashi, K., Chilca, T. y otros, «Expresión FOS en el cerebro de las ratas y en la columna vertebral causadas por la estimulación errónea de los músculos profundos de la cintura baja y la piel». La estimulación errónea de estos músculos ocasiona alteraciones en la producción de proteínas FOS a nivel medular y cerebral, lo que muestra una posible alteración de la expresión genética a nivel neuronal.

— Blanks, R. H., Schuster, T. L. y Dobson, M., «Un informe retrospectivo sobre bienestar y calidad de vida», *J. Vert. Subluxation Research,* nº 1, 1997, págs. 4-9. Este estudio se realizó en varias partes del mundo con 2.818 pacientes. Los resultados indican que los pacientes informaron de cambios positivos significativos en lo que se llama el «coeficiente de bienestar», integrado por cuatro aspectos o dominios: estado físico, estado mental-emocional, evaluación del estrés, habilidad de disfrutar de la vida. La mejora empezó entre el primer y el tercer mes de cuidado quiropráctico y no indicó un tope de beneficio, es decir, que no hay un estancamiento en la mejoría, sino que sigue progresando.

— Coulter, I. D., Hurwitz, E. L. y otros, «Pacientes quiroprácticos en geriátricos, programa de seguimiento y promoción de la salud», *Topics in Clinical Chiropractic,* nº 3, 1996, págs. 46-49. Se estudió a personas mayores de 75 años que mostraron mejoría en su salud, usaron menos fármacos y se sentían más activas que otras mayores de 75 años que no recibían cuidado quiropráctico.

El 85 % de los pacientes quiroprácticos describió su estado de salud entre bueno y excelente, en comparación con el 67 % de los que no recibieron ajustes quiroprácticos.

Los que se sometieron a un cuidado quiropráctico estuvieron un 21 % menos de días hospitalizados y un 15 % menos de días en la residencia.

— Jiang, H., Moreau, M., Raso, J. y otros, «Identificación de la localización, extensión y canales neurológicos sensoriales después de la estimulación mecánica de un ligamento lateral de la columna en los pollos», *Spine,* nº 22, 1997, págs. 17-25. Éste es un estudio piloto que muestra la importancia de futuros estudios sobre la subluxación y la expresión genética.

Se demuestra que hay una alteración genética con la subluxación vertebral, ya que crea un bombardeo de información sensorial en ambos niveles de la médula espinal, afectando al cerebro por el tálamo y el núcleo vestibular. Midieron alteraciones en la producción de proteínas FOS, que son los marcadores de expresión genética.

—Nelly, D. D., Murphy, B. A. y Backhouse, D. P., «Uso de una rotación mental para medir los efectos de ajustes cervicales en procesos corticales. Un estudio piloto», *J. Manipulative Physiol. Ther.,* vol. 23, n° 4, mayo de 2000, págs. 241-251. Los resultados de este estudio han demostrado una mejoría significativa en una tarea compleja de reacción-tiempo después de un ajuste de las primeras dos cervicales, lo que implica que ese tipo de ajuste puede afectar al procesamiento cortical del cerebro.

—Luoto, S., Taimela, S., Hurri, H. y otros, «Mecanismos que explican la asociación entre los problemas de la espalda baja y el déficit en el proceso de información. Un estudio de control con seguimiento», *Spine*, n° 24, 1999, págs. 255-261. Los resultados apoyan la hipótesis de que los problemas crónicos de la parte baja de la espalda (por ejemplo, dolor, incapacidad en general) impiden el funcionamiento de la memoria a corto plazo, que resulta de la disminución de la velocidad del proceso de información en pacientes con dolor crónico en esta parte del cuerpo.

Cuarta parte

LA QUIROPRÁCTICA, EL SECRETO MEJOR GUARDADO

Capítulo 13

El bienestar es rentable

Sorprende que, con más de cien años de historia, la quiropráctica, con una ciencia y una filosofía propias, y una eficacia y seguridad altamente probadas, no sea una profesión plenamente instaurada en los sistemas de salud de todos los países.

Se dice, con razón, en los ambientes quiroprácticos que «la quiropráctica es el secreto mejor guardado del mundo», y no precisamente por los quiroprácticos.

¿Por qué? ¿Con qué finalidad, cuando los estudios demuestran que la quiropráctica sigue siendo uno de los métodos más efectivos y de menor coste para conseguir bienestar y salud, y supone un ahorro en medicamentos y en gastos de seguridad social para un país?

El doctor en quiropráctica Terry A. Rondberg cita en el libro *Chiropractic First* varios estudios significativos realizados a partir de 1980.

Estos estudios —conducidos por instituciones de salud pública, doctores en quiropráctica, médicos o empresas de trabajo temporal estadounidenses— destacan que la quiropráctica es menos cara, reduce el tiempo de baja laboral y evita el consumo de fármacos o la cirugía en casos innecesarios.

En 1992, un análisis de la información reunida entre más de dos millones de pacientes de la quiropráctica en Estados Unidos decía que «los usuarios de la quiropráctica tienden a tener costes totales en la salud sustancialmente inferiores» y que «el cuidado quiropráctico reduce la necesidad de cuidado médico y hospitalario».

Por su parte, el doctor en medicina Philip R. Lee, ex secretario de Salud y director de The U.S. Assistant Secretary for Health at HHS (Servicio de Salud Pública de Estados Unidos) y en 2005 miembro del Institute of Health Policy Studies at the University of California in San Francisco (Instituto de Política de Estudios de la Salud de la Universidad de California), afirma que «la quiropráctica podría ahorrar a los norteamericanos la angustia, el dinero y el tiempo que pierden con el cuidado médico innecesario y no probado».

La Agency for Health Care Policy Research (Agencia para la Política del Cuidado de la Salud e Investigación estadounidense), que ofrece consejos para los problemas de la parte baja de la espalda, publicó en 1994 que «la cirugía y la medicación deberían ser el último recurso para la mayoría de los casos. El ejercicio moderado y los ajustes quiroprácticos son mucho más efectivos y de menor riesgo».

En 1991, el doctor Steve Wolk estudió 10.652 casos de suplencias laborales en trabajadores de Florida por encargo de The Foundation for Chiropractic Education and Research (FCER; Fundación para la Educación e Investigación quiropráctica). Su conclusión fue que «un paciente con daño en la parte baja de la espalda es menos probable que se convierta en discapacitado si al comienzo se somete a cuidado quiropráctico, permanece menos tiempo y tiene que ser hospitalizado mucho menos que los pacientes tratados por médicos».

Por otro lado, AvMed, una organización para el mantenimiento de la salud en el sudeste norteamericano, quería ver si podía ahorrar dinero con la quiropráctica.

Según refleja Rondberg en su libro, eligieron cien pacientes con dolores de espalda, ochenta de los cuales ya habían sido tratados por médicos sin obtener resultados. En cada caso, el paciente había sido visto por un promedio de 1,8 médicos.

Después de recibir ajustes quiroprácticos, ninguno de los pacientes tuvo que ser operado, por lo que el doctor en medicina y director de AvMed, Herbert Davis, manifestó que el cuidado quiropráctico le ahorró a la organización de mantenimiento de la salud (HMO) 250.000 dólares en cirugía.

Otro estudio llevado a cabo en Nevada, realizado por el State Industrial Insurance Systems (SIIS), comparó el promedio de cuidado médico y quiropráctico para pacientes que sufrieron accidentes laborales entre 1988 y 1990.

En un período de tres años se demostró que el coste médico de promedio por paciente era un 260 % más alto que el coste quiropráctico, y que la pérdida de horas de trabajo bajo cuidado quiropráctico era un tercio menor que bajo tratamiento médico, porque los trabajadores enfermos podían seguir trabajando mientras recibían cuidado quiropráctico. En cambio, a los que seguían un tratamiento médico se les aconsejaba descanso y se les prescribía medicación.

Este estudio ponía énfasis en mostrar que la quiropráctica elimina la preocupación y el gasto de una inapropiada hospitalización, las cirugías innecesarias y el uso inadecuado de medicamentos, incluyendo las altas dosis de calmantes con narcóticos.

Por su parte, el British Medical Research Council (Consejo Británico de Investigación Médica) documentó un estudio de diez años que comparaba el cuidado quiropráctico con el de los hospitales en 74 pacientes con dolor agudo y crónico de la espalda.

Los resultados mostraron que la quiropráctica era significativamente más efectiva para los pacientes con dolor crónico severo, y se comprobó que ayudaba a los británicos a ahorrarse más de 10 millones de libras al año, por no ser necesaria la hospitalización de los pacientes que seguían cuidados quiroprácticos.

Este estudio concluyó que «el ajuste en la columna vertebral es una forma de cuidado de la salud vital muy segura y efectiva. Los quiroprácticos tienen una preparación más exhaustiva en la mecánica y el cuidado de la columna vertebral que cualquier otro profesional de la salud. Es más, la quiropráctica está basada científicamente y debe ser una parte integral del cuidado hospitalario. [...] La quiropráctica moderna es una rama valiosa del cuidado de la salud en un área especializada, desatendida por la profesión médica».

Por su parte, el doctor en medicina Pran Manga concluyó, en su informe Manga de la Universidad de Ottawa, que «habría significativos ahorros en el coste si el tratamiento del dolor de la par-

te baja de la espalda fuera transferido de los médicos a los quiroprácticos». El doctor Manga determinó que la quiropráctica es
más segura que la medicina para los dolores de la parte baja de la
espalda. «La quiropráctica es muy superior al tratamiento médico
en términos de validez científica, seguridad, efectividad del coste y
satisfacción del paciente.» Este especialista llegó a la conclusión de
que «la quiropráctica debería estar incluida en el seguro e integra-
da en el sistema de la salud de Ontario».

Crear una sociedad sana y sostenible es la meta de la quiropráctica en todo el mundo.

Una sociedad sana sería más productiva, más feliz, y los gastos
en sanidad bajarían drásticamente, porque se ha demostrado que
con la quiropráctica la gente acude menos al médico y toma menos
medicación, sostienen los quiroprácticos.

Capítulo 14

La quiropráctica en España y en el mundo

«Después de la alopatía y la odontología, la quiropráctica es la tercera profesión sanitaria en Occidente y una de las que está experimentando más desarrollo en los últimos años. Esta ciencia está suscitando un interés creciente, por lo que se ha convertido en el objeto de numerosos estudios sobre sus métodos y eficacia.

»Más del 11 % de la población de Estados Unidos, donde nació la profesión, acude al quiropráctico como si fuera el médico de cabecera, y en todo el mundo se confían a sus cuidados 25 millones de personas cada año», explica el doctor en quiropráctica Tobías Goncharoff.

Pero la práctica inexistencia de información original en castellano sobre la quiropráctica (limitada hasta el presente a un único libro escrito por el doctor en quiropráctica Antolín Silva Couto y a la traducción del libro *Quiropráctica*, publicado por la WFC, y traducido por Frank Spencer) favorece el desconocimiento por parte de los profesionales de la salud, los legisladores y el público en general, lo que dificulta el desarrollo de la quiropráctica en España.

«La profesión no está legalizada en nuestro país, a diferencia de países como Estados Unidos, Canadá o Suiza, que poseen una larga tradición quiropráctica y que establecieron un marco legal para su profesión en los años 1920-1930. En otros, como Suecia, Noruega y Dinamarca este proceso es más reciente.

»Algunos países como Suiza y Nueva Zelanda realizaron un proceso de legalización y reglamentación de la profesión precipitado por la presión ejercida por la población en general», según pone de manifiesto el doctor Antolín Silva Couto en su libro *La profesión quiropráctica*.

Por su parte, la Asociación Española de Quiropráctica (AEQ) explica en su web <http://www.quiropractica-aeq.com> que «en otros países, gracias al apoyo científico y la colaboración con los facultativos médicos, se ha iniciado el proceso de legalización».

Hoy en día, la profesión quiropráctica está establecida en setenta países de todo el mundo. Según menciona la AEQ en su página web, «hoy en día existe legislación que reconoce y reglamenta la profesión quiropráctica en todos los estados de Estados Unidos (incluidas las Islas Vírgenes, Guam y Puerto Rico), todas las provincias de Canadá, Chipre, Dinamarca, Hong Kong, Islandia, Liechtenstein, Namibia, Nueva Zelanda, Noruega, Panamá, Suecia, Suiza, Gran Bretaña, Brasil, Costa Rica, Sudáfrica y Zimbabue.

»Al mismo tiempo, el ejercicio de la quiropráctica es legal, pero sin legislación específica, en países como Portugal, Irlanda, Alemania, Bermudas, Ecuador, Guatemala, Israel, México, Holanda, Japón, Corea del Sur, Singapur, Países Bajos, Finlandia o Venezuela. En Italia no hay legislación al respecto, pero sí varios decretos administrativos que lo regulan, de modo que el tratamiento quiropráctico se incluye ya en la Seguridad Social. En este país mediterráneo la ley está en trámites de negociación, al igual que en Grecia. Por su parte, Bélgica logró en 1998 la legalización, y el proceso está en curso en Francia. En definitiva, mientras la profesión se encuentra específicamente legislada en diversos países, en otros todavía se trabaja para conseguir su reconocimiento, como es el caso de España».

Actualmente ejercen unos 150.000 doctores en quiropráctica en todo el mundo, aunque en condiciones notablemente diferentes. De éstos, unos 60.000 ejercen en Estados Unidos, 6.000 en Canadá y unos 90.000 en el resto del mundo.

En España, ejercen hasta la fecha unos 180 quiroprácticos (la mayoría franceses, seguidos de españoles y europeos en general, formados en Estados Unidos, y norteamericanos) en una situación de total desregularización.

Por otra parte, el número de pacientes sigue incrementándose día a día por los efectos beneficiosos que éstos experimentan y que cuentan a sus amigos y familiares. Algunos quiroprácticos que ejercen en España estiman que unas 200.000 personas reciben atención quiropráctica cada año en nuestro país.

La mayoría de los quiroprácticos que ejercen en España se agrupan en la AEQ (Asociación Española de Quiropráctica), que actualmente cuenta con 131 miembros.

Según indica la AEQ en su página web, «la AEQ, legalizada en 1986 por el Ministerio del Interior, se ocupa de promover y desarrollar la profesión quiropráctica en España. Su principal objetivo es reunir a todos los doctores en quiropráctica con el título correspondiente acreditado por alguna de las universidades reconocidas internacionalmente por el Consejo de Educación de Quiropráctica europeo y norteamericano (Council on Chiropractic Education).

»La AEQ exige a todos sus nuevos miembros superar el programa de posgrado (esto entra en vigor en enero de 2006), de un año de duración, y cumplir bianualmente con el programa de formación continua con la finalidad de mantener la calidad científica y educativa de todos los quiroprácticos de España.

»En cada país europeo existe una única asociación nacional de quiropráctica reconocida internacionalmente, en nuestro caso es la AEQ».

Por otro lado, en 1999 los pacientes de quiropráctica crearon una asociación llamada «Asociación Pro Quiropráctica de España» (APQE) para promover el derecho a la salud mediante la atención quiropráctica.

La asociación de pacientes pretende que, en España, todas las personas puedan tener la libertad de elegir a un quiropráctico que asegure el cuidado de su salud de forma natural a través de una profesión reconocida legalmente y amparada por los beneficios sociales del país, y que el doctor en quiropráctica tenga libertad para ejercer bajo un marco legal, libre del intrusismo profesional, que no provoca más que confusión sobre esta profesión y con un grave riesgo para el paciente.

La APQE, que en su primer año de funcionamiento (1999) contaba con 3.000 socios y hoy en día con 6.000 en toda España, promueve acciones paralelas a la AEQ para la legalización de la profesión y para la creación de una facultad de quiropráctica en alguna universidad española, lo que evitaría desplazamientos a otros países y contribuiría a incrementar el número de quiroprácticos españoles.

En el año 2000, la AEQ concedió once becas para estudiar quiropráctica en universidades norteamericanas, como el Life Chiropractic College West de San Francisco.

La asociación de pacientes APQE, por su parte, tiene puesta su ilusión en fomentar la creación de una nueva profesión, de gran futuro, que ayude a formar una sociedad sana y sostenible, y un modelo nuevo de salud para todos.

PAÍSES CON LEGISLACIÓN ESPECÍFICA

Noruega	Gran Bretaña	Brasil
Estados Unidos[1]	Canadá	Namibia
Chipre	Nueva Zelanda	Costa Rica
Dinamarca	Bélgica[2]	Suecia
Hong Kong	Suiza	Islandia
Suráfrica	Liechtenstein	Zimbabue
Panamá		

Fuente: Página web de la Asociación Española de Quiropráctica
<http://www.quiropractica-aeq.com>

1. Incluidas las Islas Vírgenes, Guam y Puerto Rico.
2. Obtuvo la legalización en 1998.

PRÁCTICA LEGAL SIN LEGISLACIÓN ESPECÍFICA

Alemania	Finlandia	Bermudas
Israel	Irlanda	México
Guatemala	Ecuador	Holanda
Venezuela	Singapur	Japón
Corea del Sur	Portugal	Países Bajos

Fuente: Página web de la Asociación Española de Quiropráctica
<http://www.quiropractica-aeq.com>

* Italia y Grecia en trámites de negociación.
** Francia en curso de legalización.

Capítulo 15

La formación quiropráctica

«La formación de los quiroprácticos es universitaria y equivale a una licenciatura en España. La carrera de quiropráctica tiene una duración de seis-siete años académicos (el número de cursos académicos varía según los países), lo que equivale a unas 5.500 horas lectivas —según indica la AEQ en su página web—. Finalizada la carrera se obtiene el título de doctor en quiropráctica (doctor of chiropractic), como se hacen llamar muchos de estos profesionales sanitarios, o bien el de licenciado en quiropráctica (si cursan los estudios en alguna universidad europea).

»La formación universitaria del doctor en quiropráctica —prosigue la AEQ— le capacita para ejercer como facultativo de atención primaria, por lo que puede diagnosticar, consultar o determinar si el paciente debe seguir tratamiento médico en vez de o al mismo tiempo que quiropráctico y, en ese caso, referirle a facultativos médicos. Y es que el quiropráctico está preparado para el diagnóstico y tratamiento del complejo de subluxación vertebral y las alteraciones neuro-patofisiológicas mediante el ajuste manual específico. La AEQ añade que en Europa funciona el Consejo Europeo de Educación Quiropráctica, que homologa los planes de estudios, controla las asignaturas que se imparten (teóricas y prácticas) y el número de créditos, y reconoce los títulos que expiden estas universidades. En un ámbito internacional, el Consejo de Educación Quiropráctica establece los estándares educativos para la profesión.»

Los quiroprácticos estudian física, química, biología, anatomía, bioquímica, histología, microbiología, fisiología, radiología, patología, entre otras ciencias básicas, y reciben una intensa preparación especializada en principios de biomecánica, examen y diagnóstico y técnicas de ajuste.

Además estudian la filosofía, el arte y la ciencia de la quiropráctica y, por último, se pasan innumerables horas palpando la columna de los pacientes en un marco clínico u hospitalario durante un período de internado o prácticas.

Existen unas veinticinco universidades quiroprácticas en diversos países. El mayor número de ellas se encuentra en Estados Unidos (todas privadas), pero también las hay en Canadá, Suráfrica, Gran Bretaña (públicas), Japón, Brasil, Nueva Zelanda, Francia, Dinamarca y México; hay una facultad en Corea del Sur. Suiza, Noruega y España están en proceso de crear una universidad.

«Hoy en día la educación quiropráctica goza de unos altos estándares educativos. Estas universidades participan de las ratios educativas internacionales y están acreditadas, por lo que sus materias son homologables dentro de los sistemas de educación de nivel universitario», afirma el quiropráctico Antolín Silva Couto en su libro. Para que un ciudadano español pueda acceder a esas universidades es necesario tener el Bachillerato y la selectividad y haber aprobado el examen de inglés TOEFL.

Asimismo, prosigue Silva Couto, «la formación quiropráctica se divide en educación prequiropráctica, quiropráctica, posgrado y educación continua.

»El propósito de la educación prequiropráctica es que el estudiante posea los conocimientos científicos necesarios para una educación avanzada en el campo de la salud. Su duración es de cuatro años académicos (nuevo requisito en Estados Unidos, ya que antes era de dos o tres años). En el sistema norteamericano, los dos primeros años de estudios universitarios en las ciencias básicas se realizan fuera de la facultad quiropráctica e incluyen cursos de Física, Química, Biología, Inglés, Psicología y Humanidades».

Según Antolín Silva Couto, «el 75 % de los estudiantes que acceden en Estados Unidos y Canadá (de donde proceden la mayoría de quiroprácticos) a las universidades quiroprácticas ya poseen tres años o más de educación postsecundaria. De éstos, el 78,7 % está ya en posesión de una licenciatura universitaria, la mayoría de ellos en áreas de ciencias, biología y ciencias de la salud».

El plan de estudios se divide en ciencias básicas, ciencias clínicas e internado clínico, explica la AEQ. Las ciencias básicas, que incluyen Anatomía, Bioquímica, Histología, Microbiología o Fisiología, entre otras, proporcionan al estudiante los conocimientos fundamentales sobre la estructura, función e interacción de los procesos vitales del organismo, así como la comprensión de las diferentes patologías.

Las ciencias clínicas, como hemos referido anteriormente, forman a los profesionales para emitir un correcto juicio clínico, diagnóstico y de tratamiento. Según la AEQ, el quiropráctico recibe una intensa preparación especializada en teoría y principios de Biomecánica, Terapia manual, Radiología, Examen y Diagnóstico y, finalmente, en Técnicas de ajuste.

Algunas materias en esta área son Análisis Clínicos, Radiología, Diagnóstico físico, Dermatología, Geriatría, Ginecología y Obstetricia, Pediatría, Ortopedia y Psicología, entre otras, así como otras materias relacionadas con la práctica quiropráctica propiamente dicha.

Finalmente, el período de internado representa la aplicación práctica supervisada de los conocimientos adquiridos en fases anteriores, con pacientes tratados en un marco clínico u hospitalario.

Según menciona la AEQ, las universidades quiroprácticas ofrecen, asimismo, la posibilidad de realizar estudios de posgrado, máster y doctorados, con el objeto de que los doctores en quiropráctica se especialicen en diversas áreas de interés específico, como Pediatría, Ortopedia, Neurología, Radiología, Quiropráctica Deportiva, Ergonomía Empresarial o Investigación, en colaboración con otras instituciones clínicas u hospitalarias.

Además es obligatorio un reciclaje anual organizado por las asociaciones nacionales e internacionales.

En España, donde no existe enseñanza quiropráctica, el acceso a los estudios y a la formación completa de los miembros de la organización profesional nacional está controlado y garantizado por la AEQ, según afirma la propia asociación de doctores en quiropráctica.

El currículum quiropráctico debe proporcionar un mínimo de 4.200 horas lectivas, aunque en la mayoría de las universidades se supera este mínimo llegando a las 5.500 horas de enseñanza teórica y práctica en seis años de estudios.

Hay que recordar que la legislación española requiere que la formación para obtener el título en Medicina comprende 5.500 horas de enseñanza teórica y práctica en seis años de estudios.

Varias investigaciones gubernamentales y otras independientes realizadas en Estados Unidos, Nueva Zelanda, Australia o Gran Bretaña han demostrado que la educación quiropráctica es equivalente a la médica en todas las materias preclínica y lo que la distingue como única es su especialización en el sistema nervioso y en la práctica del ajuste vertebral para eliminar las subluxaciones de la columna vertebral.

Un famoso estudio realizado en Nueva Zelanda, de dos años de duración y considerado como la investigación gubernamental más detallada y profunda sobre la quiropráctica, con investigaciones en este país, Gran Bretaña, Estados Unidos y Australia, concluyó que «la educación y preparación del doctor en quiropráctica son suficientes para permitirle determinar si el paciente debería seguir tratamiento médico en vez de o al mismo tiempo que recibe cuidado quiropráctico». También afirma que «los doctores en quiropráctica son los únicos facultativos de la salud que están necesariamente equipados por su educación y preparación para llevar a cabo el ajuste de la subluxación vertebral». Añade que «los médicos generalistas y fisioterapeutas no poseen preparación adecuada en la terapia manipulativa vertebral».

Otra investigación gubernamental realizada en Suecia, que incluía a representantes del gobierno, académicos, quiroprácticos y médicos, concluyó que la preparación universitaria de los doctores en quiropráctica es equivalente a la educación médica sueca, por lo que la profesión debería regularse como la de cualquier facultativo de atención primaria.

La AEQ advierte que, en España, algunas personas (generalmente después de haber asistido a cursillos de fin de semana) se denominan «quiroprácticos» o «médicos quiroprácticos», sin haber conseguido el título legal de «doctor en quiropráctica». Estas personas sólo pueden exhibir un certificado de asistencia a un cursillo.

Asimismo, tampoco hay que confundir quiropráctica con quiropraxia, y para saber si realmente uno se encuentra ante un doctor en quiropráctica debe exigirse el título universitario o, previamente, pedir información a la asociación de doctores quiroprácticos (AEQ) o a la asociación de pacientes (APQE), donde tienen la lista completa de todos los doctores en quiropráctica que hay en España y mantienen contacto con los doctores de quiropráctica de todo el mundo.

Epílogo

Reconocemos más propiedades curativas en la miel, al fin y al cabo una secreción de un pequeño insecto, que en el gran poder interno del hombre para sanarse a sí mismo.

¿Para qué se separó el hombre hace millones de años de su fuente de vida y de curación? Conocer esta respuesta sería como poder explicar el origen y propósito de la Creación. El para qué no lo sabemos, pero sí podemos intentar explicarnos el qué hemos hecho para llegar hasta aquí.

¿Qué hemos creado en nuestra sociedad y como individuos para que desde siempre la enfermedad haya ganado terreno a la salud? La respuesta está en que el hombre se separó de sí mismo al alejarse de la fuente de Energía Universal a la que está unido.

La separación, la ignorancia de quiénes somos y el ceder poder a lo externo es la primera causa de enfermedad en un universo en el que todo está interconectado. Quizás esta cesión de poder al otro, al médico que nos cure, al quiropráctico que nos ajuste, sea la excusa para no responsabilizarnos plenamente de nuestra salud y de nuestra vida. Pero todo tiene un momento en la evolución, todo llega, y quizá para muchos haya llegado la hora de no ceder poder más que a uno mismo, a su Fuerza interior.

En el primer milenio después de Cristo, la medicina era el campo de la religión, y la enfermedad estaba vista como un acto del demonio. El hombre cedió el poder a los exorcismos que practicaban los curas. En la Edad Media «los humos», haber respirado un «humo maligno», fueron los culpables de la enfermedad. Y el hombre buscó la integridad en el cielo. En el Renacimiento el principal culpable de la enfermedad era la «mala sangre». Y buscamos a Dios en el hombre. En los siglos XIX y XX se buscó a Dios en la molécula. Los científicos mecanicistas dominaban el debate de la medicina, y con el descubrimiento de los microbios, ¡por fin se creyó tener el enemigo a la vista a quien combatir! La medicina se quedó en 1850.

Con el invento de la penicilina los médicos declararon la guerra a los microbios, pero es evidente que esta guerra todavía no ha terminado. Más bien al contrario, muchas enfermedades infecciosas han vuelto con mayor fuerza, aunque con distintos nombres.

Cuando apareció la quiropráctica, en 1895, la ciencia era el nuevo Dios del hombre y las investigaciones que se llevaban a cabo eran de tipo mecanicista y reduccionista. La quiropráctica ya era vitalista y tenia fama de «curar a los enfermos», según el concepto mecanicista de la época, y no se preocupaba como hoy en día de la salud en su totalidad, es decir, de la prevención, de la calidad de vida y del bienestar.

Ahora, con la llegada del siglo XXI, nos encontramos inmersos en una mezcla de culturas revueltas, de caos, pero también de síntesis. El nuevo mito de hoy sobre la enfermedad es la genética. Cuando no se conocen las causas de la enfermedad se le atribuyen orígenes genéticos.

Y en ese final de milenio nos olvidamos de buscar a Dios. No obstante, en medio de esta sopa cuántica de olvido, emerge un renacimiento de la medicina vitalista. Debido al fracaso del modelo reduccionista/mecanicista de la salud, los científicos están explorando nuevos modelos para entender la fisiología y salud humana. Hay un *boom* de la homeopatía, de la acupuntura, del ayurveda, de la quiropráctica y de otras disciplinas holísticas.

Todas estas ciencias entienden el organismo como un ser global y reconocen el poder inherente del cuerpo para curarse a sí mismo. La quiropráctica denomina a ese poder «Inteligencia Innata». Otros lo llaman Chi, Energía, Fuerza Vital, Dios... Son todas palabras para expresar lo que Es y mueve la vida.

Sin embargo, pese a ese incipiente emerger de disciplinas que, como la quiropráctica, saben que el hombre tiene el poder de curarse a sí mismo, seguimos dependiendo de algo externo para curarnos. La historia de la humanidad, como también de la medicina, es la historia de haber entregado nuestro poder a lo externo, de haber entregado nuestro poder al médico, al acupuntor, al homeópata o al quiropráctico; de habernos creído que éramos enfermedad en vez de salud y que habíamos venido a la Tierra para sufrir en lugar de para ser plenos y felices.

¡Todo lo llevamos dentro! Sólo debemos reconocer nuestro potencial interno, que no es más que nuestra parte divina, aquella que forma parte de un Todo mayor y que nos interconecta a la vida. Somos una parte de esa gran Fuerza del universo y podemos co-crear con Él/Ella cada día nuestra vida. Todo está por hacer. Es tiempo de plasmar esa Fuerza en la materia, de bajar el cielo a la tierra, de poner lo más elevado de nosotros en todo lo que hacemos, decimos o pensamos, con amor. Por eso, cada día podemos elegir crear salud y felicidad.

Siempre he sentido esa Fuerza. Mi propia experiencia como paciente de la quiropráctica me ha llevado a experimentar esa Energía, ese poder autocurativo del cuerpo, esa revitalización de todo mi organismo. Me ha llevado a sanar heridas emocionales instaladas en la memoria de las vértebras, en mi memoria celular o quién sabe dónde. Me ha permitido exteriorizar miedos, limpiar recelos... pero sobre todo me lleva a sentirme más viva y despierta.

Esa Energía que he vivido y que vivo en la consulta quiropráctica es la misma que puedo experimentar con la meditación, con la fidelidad hacia lo que siento o con el estado de gratitud hacia la vida que experimento mientras doy un paseo en bicicleta o descubro algo sobre mí misma.

He escrito este libro convencida de que la quiropráctica es un gran paso en el camino, quizás uno de los próximos y más fundamentales pasos para la salud y el bienestar del hombre del siglo XXI, porque nos ayuda a encontrarnos con nuestro poder interno en este especial momento de la evolución humana en que el hombre adquiere una mayor conciencia de sí mismo.

Pero quiero compartir una modesta reflexión con vosotros: aunque la quiropráctica sea una muy buena herramienta para empezar a reconocer a nuestro médico interior, no deja de ser una dependencia más como pueden serlo la medicina o los fármacos. La realidad es que seguimos siendo dependientes, como hace millones de años, de algo o alguien «externo que nos libere» de las limitaciones que nos impiden conectar con nuestro poder interno.

Si, como dicen los grandes maestros de la historia de la humanidad, la enfermedad va a desaparecer en el siglo XXI, sinceramente creo que será porque el hombre se habrá confiado a lo único que para mí es realmente sanador. Se habrá confiado únicamente y sin intermediarios al poder de su Espíritu o Ser interno, a su propio trabajo interior, buscando las respuestas dentro, dirigiendo la energía a sus partes doloridas con total fe en sí mismo.

Y esa palabra, Espíritu, me lleva muy lejos, me transmite la idea de volar. Un vuelo libre, sin apegos, sin mirar atrás, recordando con amor y compasión —comprensión— a los que siguen o van delante, cruzando las nubes hacia el cielo azul que siempre está en lo más alto, de la mano de los que también buscan la salud, la vida y la felicidad por sí mismos, de los que buscan la Luz para estar en línea con la vida. Y con el gozo de compartir ese vuelo en la vasta red a la que todos estamos unidos.

Que nuestro Espíritu nos guíe en el vuelo. Mientras tanto, la quiropráctica es una buena herramienta para empezar a dar los primeros pasos.

ELISABET BONSHOMS

Asociaciones de quiropráctica
en España

Asociación Pro Quiropráctica de España (APQE)
  Rosa Sensat, 4
  08005 Barcelona
  e-mail: info@apqe.net
  Página web: <http://www.apqe.net>
  Tel./Fax: 93 225 41 03

Asociación Española de Quiropráctica (AEQ)
  Marqués de Cubas, 25, 3° ext. izq.
  28014 Madrid
  e-mail: info@quiropractica-aeq.com
  Página web: <http://www.quiropractica-aeq.com>
  Tel.: 91 429 38 86

Bibliografía

Bradford, M., *La nueva cocina energética*, Barcelona, Océano, 1999.
Carvajal, J., *Cuadernos de Bioenergética del hombre*, Barcelona, Nestinar, 1998.
—, *Un arte de curar*, Bogotá, Norma, 1995.
Chopra, D., *Curación cuántica*, Barcelona, Grijalbo, 2003.
Dethlefsen, T. y Dahlke, R., *La enfermedad como camino*, Barcelona, Plaza & Janés, 1990.
Epstein, Donald, M. D. C., *The 12 stages of Healing*, California, Amber-Allen Publishing and New World Library, 1994.
—, *Healing Myths, Healing Magic*, California, Amber-Allen Publishing, 2000.
Nogués, I., *De lo físico a lo sutil*, Barcelona, Didaco, 1999.
Palmer, B. J., *The Glory of going on*, vol. XXXVII, 1961.
Rondberg, T., *Chiropractic First, The Chiropractic Journal*, EE.UU., 1996, 1998.
Rondberg, T. D.C. y Feuling, T., «Chiropractic. Compassion and Expectation», EE.UU., *The Chiropractic Journal*, 1998.
Silva Couto, A., *La profesión quiropráctica*, Madrid, Asociación Española de Quiropráctica, Mapfre, 1994.
Sportelli, Louis, D. C., *Introducción a la quiropráctica*, EE.UU., 1988.
Strauss, Joseph B., *Reggie, making the message simple*, FCSC, 1997.
Trigueirinho, *También vivimos mientras soñamos*, Buenos Aires, Kier, 1987.

ENTREVISTAS REALIZADAS POR LA AUTORA
Y USADAS COMO DOCUMENTACIÓN

Arnaud Allard, doctor en quiropráctica.
Brant Biddle, doctor en quiropráctica.
Aaron Burt, doctor en quiropráctica.

Montse Bradford, profesora de cocina natural y energética, terapeuta emocional y de psicología transpersonal.

Ngaire Cannon, consultora médica y quiropráctica.

John F. Demartini, doctor en quiropráctica, filósofo, biólogo e investigador de la conciencia humana.

Juan G. Campos, doctor en quiropráctica.

Tobías Goncharoff, doctor en quiropráctica.

Michelle Nielsen, doctora en quiropráctica.

Martín Ochoa, psicólogo, experto en miedos y astrología espiritual.

Adrian Wenban, doctor en quiropráctica e investigador.

4/16 ② 11/14